华章经管

HZBOOKS | Economics Finance Business & Management

目标客户营销

如何与目标客户互动，有效驱动业绩增长

［美］
克里斯·戈利克（Chris Golec）
彼得·艾萨克森（Peter Isaacson） 著
杰西卡·菲尤勒斯（Jessica Fewless）

ABM 研习社 译

ACCOUNT-BASED MARKETING

How to Target and Engage the Companies That Will Grow Your Revenue

机械工业出版社
China Machine Press

图书在版编目（CIP）数据

目标客户营销：如何与目标客户互动，有效驱动业绩增长 /（美）克里斯·戈利克（Chris Golec），（美）彼得·艾萨克森（Peter Isaacson），（美）杰西卡·菲尤勒斯（Jessica Fewless）著；ABM 研习社译 . -- 北京：机械工业出版社，2022.1

书名原文：Account-Based Marketing: How to Target and Engage the Companies That Will Grow Your Revenue

ISBN 978-7-111-69855-5

I. ①目… II. ①克… ②彼… ③杰… ④A… III. ①企业管理 – 销售管理 IV. ①F274

中国版本图书馆 CIP 数据核字（2021）第 277600 号

本书版权登记号：图字 01-2020-7665

Chris Golec, Peter Isaacson, Jessica Fewless. Account-Based Marketing: How to Target and Engage the Companies That Will Grow Your Revenue.

ISBN 978-1-119-57200-8

Copyright © 2019 by © Demandbase, Inc.

This translation published under license. Authorized translation from the English language edition, Published by John Wiley & Sons. Simplified Chinese translation copyright © 2022 by China Machine Press.

No part of this book may be reproduced or transmitted in any form or by any means, electronic or mechanical, including photocopying, recording or any information storage and retrieval system, without permission, in writing, from the publisher. Copies of this book sold without a Wiley sticker on the cover are unauthorized and illegal.

All rights reserved.

本书中文简体字版由 John Wiley & Sons 公司授权机械工业出版社在全球独家出版发行。

未经出版者书面许可，不得以任何方式抄袭、复制或节录本书中的任何部分。

本书封底贴有 John Wiley & Sons 公司防伪标签，无标签者不得销售。

目标客户营销
如何与目标客户互动，有效驱动业绩增长

出版发行：机械工业出版社（北京市西城区百万庄大街22号 邮政编码：100037）	
责任编辑：刘 静 闫广文	责任校对：殷 虹
印　　刷：三河市宏图印务有限公司	版　次：2022年1月第1版第1次印刷
开　　本：170mm×230mm　1/16	印　张：15.5
书　　号：ISBN 978-7-111-69855-5	定　价：69.00元
客服电话：（010）88361066　88379833　68326294	投稿热线：（010）88379007
华章网站：www.hzbook.com	读者信箱：hzjg@hzbook.com

版权所有·侵权必究
封底无防伪标均为盗版
本书法律顾问：北京大成律师事务所　韩光 / 邹晓东

ACCOUNT-BASED MARKETING

赞 誉

那些围绕 ABM 的炒作都是不切实际的,没有多少实操性可言。本书改变了这一点,对于任何想做 ABM 的 B2B 营销人员,本书都是一本重要的读物。

——艾莉森·瓦贡费尔德　谷歌云首席营销官

没有人比 Demandbase 的人更了解 ABM。本书会带给你关于 ABM 最权威的介绍。

——梅根·艾森伯格　MongoDB 首席营销官

过去几年我们一直致力于实施 ABM 营销战略。本书汇总了如何规划 ABM 长期成功的实际经验,准备好做笔记吧!

——悉尼·斯隆　SalesLoft 首席营销官

ABM 为营销转化归因提供了策略以及指导方法,是企业发展长期价值主义的体现,其精髓在于数据驱动。本书通过具体案例,剖析、展示了企业精细化营销运营的新方法,适合后流量时代的 B2B

营销人员参考和学习。

——蒋炯文 博士　中欧国际工商学院营销学教授

在B2B营销中，中国企业长期以来忽略了数据和技术。本书提出的ABM就是应用数据和技术的一种B2B营销战略。在竞争激烈的销售环境中，ABM能让你在与竞争对手的比拼中赢得巨大的优势，而你的竞争对手可能还在沿用其父辈甚至祖辈的方式开展业务。因此，本书非常值得中国企业家和负责营销、销售的企业高管们研读！

——郑毓煌　清华大学营销学博导，世界营销名人堂中国区评委

B2B企业的客户组合质量而不是客户数量决定了企业的价值和成长性！因此，制胜的B2B营销战略起步于对"谁是我最重要的客户"这一问题的回答，企业必须竭尽全力为那些最重要的客户提供最具独特价值的服务和产品！ABM为企业识别优质客户、做出价值承诺、协同销售和营销、经营客户终身价值提供了系统、清晰、可操作的路线图和策略，值得每一位营销管理者和企业家认真学习！

——曹虎 博士　科特勒咨询集团全球合伙人、中国区总裁

我长期在营销领域工作，目睹和经历了很多没有回报、不被认可的或半生不熟的营销计划或战略的实施过程，其中的挑战和痛苦不言而喻。本书译自百分之百专注于ABM的Demandbase的领导者编写的一部指南性的营销宝典。书中介绍的具有可操作性的创建目标客户名单的方法、选择正确目标的方法，以及很多实例，都会让读者得到启发。我会向所有致力于B2B营销的人员推荐本书，希望它能让其营销战略和实践如虎添翼。

——郭多娇　谷歌云北亚区市场部总经理

ABM 再次受到营销人员的关注，是由于数据分析能力的极大提升使得对客户的深入洞察成为可能，另外 ABM 也是衔接数字化营销（digital marketing）与数字化销售（digital selling）的非常关键的环节。把握营销数字化转型的趋势，本书非常值得一读。

——郭洁　微软大中华区首席营销官

从事了 20 年营销工作之后，阅读本书还是给我带来了很大收获。如果你的公司不具有市场垄断地位，你能服务的客户只能是市场当中的一部分。弱水三千，只取一瓢，你能好好把握住这一部分就足够了。本书将 ABM 从营销战术手段提升至战略模式的高度，并由浅入深，帮助营销人员以终为始、内外协调一致地拥抱数字营销技术，实现规模化业务成长。

——邱胜　亚马逊云科技大中华区市场部总经理，
高通前全球副总裁、中国区市场部总经理，
SAP 前全球副总裁、大中华区首席营销官

传统营销时代，有一半的广告费不知道花到了哪里。数字营销时代，ABM 的出现，极大地降低了营销成本，使 CMO 们可以不把努力浪费在那些根本不需要或没条件购买产品或服务的人身上，使营销与销售能够真正实现同步。这是多么令人兴奋的事情。

本书的译者团队在 B2B 营销领域有着非常丰富的经验，他们是数字营销领域的推动者，很感谢他们翻译了这本优秀的书，跟我们一起助力中国首席营销官们的成长。

——班丽婵　CMO 训练营创始人、CEO

长期以来，关于 B2B 营销 ABM 的系统介绍，国内鲜有专著。

每一个B2B营销的从业人员,都应该首先把ABM纳入自己的首要营销战略考量。《目标客户营销》为我们展示了ABM的全貌,为我们介绍了这个重要的B2B营销方法和手段,是一部难得的关于ABM的佳作!

——王学军　F5 Networks 中国区资深市场总监

ACCOUNT-BASED
MARKETING

推荐序一

在传统电视广告时代，营销人的使命一直是广泛建设认知，尽量把整个转化漏斗的口做大。在互联网时代，大家开始尝试从种子用户开始，培育核心用户群，再通过口碑和广告来放大认知规模。在 B2B 营销中，针对单个客户的认知建设和转化成本更高，周期更长，因此将有限的营销资源聚焦于能带来生意的客户更为重要。当然，这不意味着不需要打造品牌和建立广泛的品牌认知及美誉度，但以获客为目的的营销活动，尤其是以重点客户（Key Account，KA）为目标客户的营销，更加需要全周期精准的营销计划。以终为始，圈定目标客户，制订覆盖计划，定制和优化客户转化路径中的体验，这是营销（尤其是 KA 营销）实现业务增长的核心工作。

《目标客户营销》非常完整地介绍了整个基于目标客户来开展营销的理念和方法，读完以后，我认为它适合各种对 B2B 营销感兴趣的人。CMO 可以通过它了解到如何在企业内统一认知、推动试点；资深营销管理者可以通过它读到如何围绕目标客户营销（Account-

Based Marketing，ABM）设计组织、考核目标；营销实践者可以通过它了解到细致的规划方式，以及各种营销手段的实践方法；非营销或非 B2B 营销人士也可以从中了解到与目标客户有关的一系列商业思路和框架……《目标客户营销》很好地兼顾了战略与实践的颗粒度，达到了理念和干货的平衡，是本既有用又易读的书。

世界 500 强企业中的中国企业，还没有太多的以 B2B 服务为主的企业。随着中国产业和组织的数字化升级转型浪潮的推进，以 B2B 数字化服务及产业互联网为核心业务的企业正在蓬勃发展。只有建设好 B2B 营销的生态，相关的组织和人才才能推动 B2B 业务和企业的发展，才能吸引越来越多的中国营销人投身其中。感谢机械工业出版社华章公司和本书的译者引入了这本有价值的书。期待未来我们能有更多好的 B2B 营销理念和实践。

徐樱丹

腾讯云与智慧产业事业群市场副总裁

推荐序二

ABM 是一个强调通过营销与销售协同来实现营销增长的策略。简单来说，ABM 是先明确潜在目标客户是谁，之后通过个性化内容进行营销触达与培育，最终将其转变为成交客户的策略。形象地说，就像"用鱼叉捕鱼"，找准目标，一击即中。

本书是由 Demandbase 公司的高管团队撰写的。Demandbase 作为目标客户营销的先行者，在十多年的客户服务中积累了大量的宝贵经验，并且研发了一流的 ABM 营销工具。作为一本实用的 ABM 权威指南，本书详述了 B2B 企业为什么要做 ABM，如何去做，怎么做好这三个方面，及标准化的营销步骤与策略，为国内 B2B 营销增长人员提供了更加高效的解决方案。

除了策略、产品、技术及预算，本书对在开始实施 ABM 时最应该关注的内容，也给出了明确的答案，那就是数据。拥有海量客户数据才可以更精准地创建目标客户名单，掌握客户行为数据才可以做出正确的意图预测。因此，数据才是 ABM 战略的核心。如果企业拥有丰富的客户数据，就会通过 ABM 获取最大价值。在中国，大部分 B2B 企业的数据沉淀是不足的，所以要想把 ABM 做好，就需要借助第三方数据。但在这个过程中，一定要保证第三方可以提供全面且有洞察的数据，并且能够与自己的其他技术进行连接，这样才能避免在公司内造出另一个"数据孤岛"。

ABM 为营销人员打开了一扇新的大门，帮助他们通过全新的思路与视角来看待营销。在摆脱了刻板的 KPI、极端的数据要求之后，我们营销人员还能做些什么？在创意、内容、技术等方面，其实大有发挥空间。ABM 的最佳实践不应当停留在营销层面，更应该关注业务增长的终极目标。

ABM 也成功地让营销人员通过管理者视角来审视每一个营销动作和自身的营销团队，以及内部团队间的互相配合、协调。ABM 的终极愿景是实现营销和销售团队协同作战。我认为，它甚至有可能实现全公司各个业务单元之间的横向打通，真正做到"全员营销"。

因此，我诚挚地建议，不但营销人员应该读本书，销售负责人以及公司其他业务负责人也应该读一下本书，以产生更多的战略思考，从营销之外的维度推动企业实现增长。ABM 策略对于中国 B2B 企业的营销增长难题，无疑是一剂良药。火眼云作为国内 ABM 的先行者与布道者，一直在为解决此难题而努力。

最后我想说，ABM 其实并不是多么"惊天地、泣鬼神"的理论，我们可以把 ABM 理解成精准营销，只不过它可能是现阶段精准营销的终极版本，它通过大数据、人工智能以及营销自动化的加持，实现了大规模、自动化的精准营销。随着技术的发展，基于 ABM 设计的产品也会变得更加丰富和智能。希望各位读者以本书为蓝本持续学习。作为一名合格的营销人员，只有不断学习，拥抱新方法、新产品、新技术，才能让营销增长立于不败之地。

张陆鹏

火眼云创始人兼 CEO

ACCOUNT-BASED
MARKETING

译者序

ABM 是近几年在 B2B 领域快速崛起的营销方式，它强调营销团队与销售团队的协作，针对高价值的目标客户开展个性化的营销行动，以推动销售收入的增长。由于目标明确、高度协同，ABM 能够让有限的营销资源聚焦于最重要的客户，提升资源运用的效率，实现效果最大化；同时，由于营销内容和营销活动是针对客户的具体情形进行个性化定制的，所以客户的体验更好，满意度更高。

正因如此，ABM 在欧美等国的 B2B 企业得到快速应用。这些早期采用者的实践证明，ABM 是一种非常有效的营销方式。

- **更少的资源浪费**。ABM 让营销团队与销售团队将预算、时间和精力都聚焦在那些最有潜力的目标客户身上，减少低效或无效的花费和行动。
- **更高的投资回报率**。ITSMA 和 ABM 领导力联盟的调研显示，76% 的受访者认为 ABM 带来的投资回报率高于其他营销方式。

- **更高的赢单率**。SiriusDecisions 的调查结果表明，91% 的受访者认为 ABM 能提升赢单率，其中 66% 的人认为赢单率能提升 20% 以上。
- **更大的合同额**。ABM 领导力联盟的调研发现，采用 ABM 战略的企业平均合同金额能提升 171%。
- **更好的团队协作**。ABM 让营销团队与销售团队打破部门壁垒，目标一致地协同工作。这也是 ABM 的最大价值之一。
- **更好的客户体验**。ITSMA 和 ABM 领导力联盟的调研显示，58% 的受访者认为 ABM 让其企业更加以客户为中心，以客户喜欢的方式与其展开更有针对性的沟通。

随着 ABM 的流行，它也逐渐为国内的营销从业者所知晓，希望能学习并将其应用到自己的营销实践中。但相关的中文资料非常少，更没有对 ABM 进行系统介绍的中文图书。于是，我们这一群认同 ABM 理念的 B2B 营销人一拍即合——翻译并出版一本 ABM 图书，将这种营销方式介绍给国内的同行。这个想法得到了机械工业出版社的支持，并很快买下了 *Account-Based Marketing: How to Target and Engage the Companies That Will Grow Your Revenue* 的中文版权。这就有了本书。

选择引进本书的原因有两个：一是本书全面介绍了 ABM 的理念、最佳实践、实施方法和评估指标，还有很多实用的技巧，是一本实操性很强的 ABM 应用指南；二是本书的作者都是 Demandbase 公司的高管，这家公司在 ABM 领域处于领导地位，本书也是他们及其客户的实践总结和经验积累，值得学习借鉴。

本书中的很多专业词汇目前还没有确定的中文译法，所以我们在翻译时非常小心谨慎，斟词酌句。有些词语、句子经过多次讨论和修改，包括与原著作者多次联系求证，以确保译文能尽量准确地表达原意。但为了更加符合中文的表达习惯，我们对有些英文的译法做了适当的调整。例如：

Account-Based Marketing，这是本书中最重要的术语，我们对它的译法也讨论得最多。有直译的"基于客户营销"，有结合该词意思的"基于目标客户营销"，在经过多次讨论斟酌之后，我们最后选择了更加符合中文表达习惯的"目标客户营销"。同时考虑到在日常的营销实践中一般直接用"ABM"这个缩略词，所以该术语在本书第一次出现之后就采用了"ABM"。

类似的词语和句子还有不少，让我们在翻译过程中绞尽脑汁。为了保证翻译质量，我们还做了多轮审校。本书在完成第一稿翻译和译者自校之后，相继经过了译者交叉审校、翻译专家审校、项目负责人审校、出版社编辑审校等多轮审校，才有现在呈现在读者面前的版本。即便如此，限于时间、精力和翻译水平，本书可能还有翻译不妥之处，敬请读者诸君批评指正。

为了翻译本书，也为了更好地了解和推广 ABM 的理念和方法，以本书译者为核心，我们发起成立了"ABM 研习社"，分享与 ABM 相关的知识和实践，希望能帮助更多的营销同行从中受益。本书的译者团队及分工如下：鲍曼（第 1 章）、蒋顺利（第 2 章及致谢，项目负责人）、迟晨浩（第 3 章）、董兆丽（第 4 章）、吉喆（第 5 章）、蔡丽（第 6 章）、林江（第 7 章）、高海燕（第 8 章）、施耀华（第 9

章)、傅文通(第 10 章)、赵鑫(第 11 章)。本书是译者团队集体智慧的结晶,译者们凭着热情,牺牲了大量的休息时间完成本书的翻译,又不厌其烦地进行多次修改校对,感谢大家的付出。

  本书的翻译还得到了原著作者克里斯·戈利克(Chris Golec)、彼得·艾萨克森(Peter Isaacson)和杰西卡·菲尤勒斯(Jessica Fewless)的支持,帮助我们加深了对 ABM 的理解。机械工业出版社华章公司副总经理王磊女士为本书的出版提供了指导和帮助,编辑刘静女士、闫广文先生为推动本书的出版做了大量的工作,在此特别致谢。

ABM 研习社 蒋顺利

ACCOUNT-BASED MARKETING

译者介绍

ABM 是近年来欧美 B2B 企业非常重视的一种营销方式,但中国的营销从业人员对其所知甚少。为了更好地学习和推广 ABM 的理念和方法,一群资深的 B2B 营销人发起成立了 ABM 研习社,分享 ABM 相关的知识和实践,希望能帮助更多的营销同行从中受益。

本书由 ABM 研习社成员翻译,具体如下。

项目负责人:蒋顺利

翻译组成员:

- 鲍　曼　腾讯安全产品营销专家
- 蒋顺利　索信达控股首席营销官
- 迟晨浩　Oracle 中国区原高级市场总监
- 董兆丽　Ansys 中国区市场总监
- 吉　喆　Citrix 大中华区市场总监
- 蔡　丽　千方科技市场与政府事务副总裁

- 林　江　天空卫士高级市场总监
- 高海燕　腾讯 CSIG 市场部营销技术专家
- 施耀华　克劳斯玛菲集团市场与企业传播总监
- 傅文通　Panduit 亚太区市场总监
- 赵　鑫　Palo Alto Networks 中国区市场总监

（以上按所翻译章节先后排序）

ACCOUNT-BASED MARKETING

前　言

为什么说ABM正在改变营销的行为准则

　　将销售线索转化为销售收入的传统营销方式，几十年来都没有发生什么改变。这种方式效率低下、效果不佳。为什么？因为它只注重销售线索的数量，而不是质量。这造成了营销和销售团队之间的分歧和不信任，使得销售团队更难完成任务。ABM之所以迅速受到领先的B2B公司的青睐，就是因为它将销售和营销团队的业务目标都对准了对业务影响最大的目标客户。ABM帮助销售和营销团队共同聚焦于一群可管理且能带来丰厚利润的目标客户，而不是去追逐大量低质量的普通销售线索。仅仅从这一个小变化中可能获得的潜在效率，就使得人们非常愿意采用ABM。想象一下，当营销团队带来的是销售团队最感兴趣的商机时，双方的合作将会多么和谐。想象一下，如果在客户填写网站表单或拨打电话之前，你就能够识别这些客户，并向其提供定制化的信息，这是多好的客户体验。ABM是一种高端营销，它极有可能提升你的业务和创收。

尽管 ABM 具有明显的优势，但关于如何实施 ABM 仍众说纷纭。本书即着眼于 ABM 的实施。本书由领先的 ABM 平台 Demandbase 公司的专家撰写，包含了 Demandbase 公司多年积累的经验及其 1000 多家客户的实践总结，是一本实操性很强的 ABM 应用指南。

- 准确了解成功的 B2B 公司如何利用 ABM 来扩大客户群
- 为你的业务寻找和吸引理想的潜在客户，以增加收入，开拓新的商机
- 根据你所在组织的独特需求打造行之有效的 ABM 战略
- 将销售和营销流程整合为高效、协作的工作流程

从如何建立正确的目标客户名单及了解 ABM 对营销计划的影响，到如何在组织内推行 ABM 理念并为实施 ABM 争取预算，所有这些问题的答案，都能在这本实用且权威的 ABM 指南中找到。

无论大型还是小型的 B2B 企业，都可以摆脱老派的营销方式，通过分析买方意图，适时与客户展开互动，从而获得业绩的增长。不过，企业需要先深入了解 ABM 在实践中的运作方式。本书回答了下列问题：我们如何实施 ABM？最佳实践有哪些？我们可以从 ABM 的真实案例中学到什么？如何衡量 ABM 的成功？在实施 ABM 过程中如何避免那些常见错误？有了这些问题的答案和其他相关内容，您就可以准备好向未来的营销方式转型了。

ACCOUNT-BASED MARKETING

目 录

赞誉
推荐序一
推荐序二
译者序
译者介绍
前言

| 第 1 章 | **最佳时机**　1

本书适合你吗　3
世界级营销战略包括什么　5
后退一步看问题　7
ABM 战略的主要收益　13
如何顺利地过渡到 ABM　15

| 第 2 章 | **基本模块** | 17

　　ABM 带来的组织收益 | 18

　　没有放之四海而皆准的解决方案 | 19

　　数据是 ABM 战略的核心 | 23

　　ABM 应关注的六个重点领域 | 25

　　ABM 成熟度模型 | 37

　　ABM 战略的关键转变 | 40

| 第 3 章 | **获得支持** | 43

　　1878 年教给我们什么 | 44

　　ABM 的顺利起步 | 46

　　下一步：协调一致 | 51

　　适应新情况 | 56

　　设定新方向 | 58

| 第 4 章 | **目标客户名单** | 63

　　启动拟定目标客户名单的流程 | 64

　　确保决策者暂时达成一致 | 69

　　定期更新目标客户名单 | 70

　　开始将目标客户名单嵌入系统 | 70

　　对目标客户进行细分 | 72

　　设定目标 | 75

　　扩大目标客户名单 | 75

　　现有客户、合作伙伴和目标客户名单 | 79

　　30-60-90 天计划 | 83

| 第 5 章 | **吸引目标客户** | 87

　　营销自动化系统 | 88

基于目标客户的广告 ┊ 88
　　案例：Progress 公司 ┊ 93
　　什么是重定向广告 ┊ 94
　　区域营销 ┊ 97
　　社交化 ┊ 99
　　营销活动策略 ┊ 100
　　网络研讨会 ┊ 101
　　内容营销 ┊ 102
　　确定初步的 ABM 吸引策略 ┊ 107

| 第 6 章 | **推进互动** ┊ 109
　　大网和飞镖 ┊ 110
　　实现信息个性化 ┊ 112
　　网站个性化调整的七个步骤 ┊ 117

| 第 7 章 | **转化和成交** ┊ 121
　　信号和购买旅程 ┊ 122
　　通过热图技术获得洞察 ┊ 124
　　需要关注的页面信号 ┊ 125
　　降低表单填写门槛 ┊ 127
　　提高转化率的方法 ┊ 129
　　网络研讨会转化的最佳实践 ┊ 135
　　降低 CTA 门槛 ┊ 137
　　案例：铁山公司 ┊ 138
　　成交 ┊ 139

| 第 8 章 | **衡量指标** ┊ 143
　　营销归因 ┊ 144

三级衡量法 | 145
确定目标和激励措施 | 155
报告营销结果 | 162

第9章　规模化推广 ABM | 167

需要搞清楚的六个问题 | 169
ABM 实战手册非常关键 | 174
为 ABM 争取预算的五种方法 | 183
协同 | 187

第10章　利用技术提升 ABM | 191

识别当前的痛点 | 192
ABM 技术堆栈 | 193
基础架构技术 | 193
客户筛选技术 | 196
客户互动技术 | 198
销售赋能技术 | 201
效果评估技术 | 202
必须牢记的四个注意事项 | 205
循序渐进 | 206

第11章　将 ABM 做得更好 | 209

ABM 战略陷入困境的八大预警信号 | 210
两个有趣的问题 | 214
案例：CA 公司 | 215
ABM 的前景是什么 | 217

致谢 | 223

ACCOUNT-BASED MARKETING

第1章

最佳时机

> 为什么现在是尝试 ABM 的最佳时机，而不是五年前或者五年后

通过水晶球就能预测未来，这听上去是不是很荒唐？我们都知道未来是无法预测的。以股票市场为例，如果有人能预测其走势，那么他马上就可以退休了，而且他在一个月内就能成为亿万富翁。同样，其他短期事件也很难预测，比如哪支队伍将赢得"超级碗"（Super Bowl）总冠军，或者明年谁会轰动整个流行音乐圈。

虽然如此，但是如果你了解怎么用"水晶球"来预测合适的事情，是会得到准确的结果的。例如，人口统计数据就具有高度的可预测性，我们甚至可以有把握地预测一个国家未来 10 年或 20 年的人口年龄中位数。

一个明显的趋势是：科技正逐渐改变各行各业，其中有些行业已经开始受益。得益于科技的进步，在电话诞生140多年后的今天，我们拥有了功能极其强大的智能手机；农业也已经从传统的铁犁牛耕转向了利用GPS进行智能管理，人们可以精确控制每平方英尺⊖的肥料播撒量，以最大限度地提高农作物的产量。

本书探讨的是另一个我们可以自信地预测的趋势：企业对企业（Business-to-Business，B2B）模式下的营销和销售从技术革新中获益的时候到了。借助更为廉价的计算能力和存储能力，数据科学使B2B营销模式发生了深刻的变革，而现在我们正处于这一变革的初期，后面我们会详细讨论这些内容。对此有先见之明的公司未来将在企业声誉、客户关系及业务营收方面占据业内领先地位，而那些后知后觉的竞争对手仍浑然不知。

没有敏锐地早早发现发展趋势，意味着你只能分到一些面包渣，但过早采用新技术，也可能会遭遇"第一个吃螃蟹"的风险：问题不断，耗时长久，挫折常有。除非你一开始就有"退一步才能进两步"的坚定信念，否则这些风险很可能会使你放弃尝试。

本书也谈到了为什么现在是成熟技术与B2B营销结合的最佳时刻。一方面，这些技术已经经过充分的测试、改进和验证；另一方面，我们毕竟还处在变革的早期，多数行业尚未被那些已经洞察先机、开始采取行动甚至已成为行业领先者的公司所主导。这就是摆在我们面前的机会。

更具体地说，这个机会与ABM有关。在接下来的内容里，我们将深入了解ABM的工作原理。下面，让我们先来了解其作用。

⊖ 1平方英尺 ≈ 0.0929平方米。

ABM 使营销人员能够识别并定位他们自认为最有价值的目标客户。目标客户是可以进行多维定义和细分的，例如潜在客户或者现有客户，这并不新奇。与常规的营销方式不同的是，ABM 可以让你在目标客户**还没亮明身份前**，就针对它们精心设计出个性化的营销体验。这种方法可以扩展到 30 个、300 个甚至 3000 个客户，以帮助你完成业绩目标。

你也许会说："这是天上掉馅饼吗？你在做梦吧！"绝对没有，ABM 是经过测试和验证的方法，可以让你洞察潜在客户的想法和行为。在竞争激烈的销售环境中，ABM 能让你在与竞争对手的比拼中赢得巨大的优势，而你的竞争对手可能还在沿用他们父辈甚至祖辈的方法开展业务。

本书适合你吗

此时，你可能会问自己："本书的三位作者，克里斯、彼得和杰西卡，都任职于提供 ABM 解决方案的 Demandbase 公司，这会是一本该公司加长版的宣传资料吗？"这个问题问得很有道理。

请放心。现在市面上已经有很多不错的 ABM 技术，而且还会出现更多新技术，ABM 也将因此保持生机。本书并不局限于单一供应商或单一技术，我们希望回答下列问题。

▷ 究竟什么是 ABM，它与过去的营销方式有怎样的不同

▷ 哪些公司适合 ABM，哪些公司不适合（毕竟没有哪种营销模式是万能的）

▷ 如何判断 ABM 是否适用于你的企业（应该以合理的方式验证

答案，而不需要花费大量的时间和金钱）

▷ 为了让ABM对企业盈利的贡献最大化，什么是最佳方案，哪些陷阱必须避开

我们猜想，在浮浮沉沉的商海中，你经验丰富，见多识广。当我们告诉你ABM有可能给你的业务营收带来巨大的影响时，你会保持合理的质疑态度。你并不是不认同这种营销方式，只是需要了解更多的证据和细节，然后才会采取下一步行动。

鉴于此书的书名是《目标客户营销》，我们进一步猜测，你就职于B2B而非企业对消费者（Business-to-Consumer）B2C企业的营销部门。假如你来自销售部门，相信你也会从中受益良多：你会喜欢我们所倡导的不同的营销方法——不再丢给你大量销售线索去挖掘，而是营销人员与你一起努力在你真正关心的目标客户那里完成销售。

如果我们对你的猜测有一部分是正确的，那么你阅读本书一定会喜之不尽的，因为我们将向你展示一种更智能的营销方式，来帮助你吸引和获得你最想要的目标客户。

现在，让我们一起来了解，为什么ABM能对传统营销的低效率做出根本性的改进。

富士通对ABM的评价

事实已经证明，采用ABM是我们营销工作取得成功的重要原因。假如没有ABM，我们完成关键绩效指标（Key Performance Indicator，KPI）会很吃力。ABM是我们的英雄。

——ABM和交易营销团队负责人
富士通欧洲、中东、印度和非洲地区

世界级营销战略包括什么

史蒂芬·柯维在他的著作《高效能人士的七个习惯》中，称其中一个习惯为"以终为始。"让我们思考这一习惯并尝试回答下面这个问题："如果我们设计一个世界级、零浪费的营销体系，它将会是什么样子的？"下面是世界级、零浪费的营销体系的特征，以及 ABM 对这些特征的满足程度。

1. 不要把努力浪费在那些根本不需要或没条件购买产品或服务的人身上。有些人看上去符合条件，但他们已经和别的公司签订了多年的销售合同，目前没有你的机会。再比如，有人可能在网上输入了你正在促销的产品的关键词，浏览了你按点击量付费的广告页面，但他只是一个为论文寻找素材的大学生。不管是哪种情况，如果你能过滤掉这样的无效销售线索，就可以节约不少的时间和费用。

ABM 就是可以帮你省时节源的好方法。的确，公司的网站会吸引一些流量，营销活动展位也会吸引形形色色的到访者，其中的一些人可能最终会成为你的客户，但就寻找商机的努力来说，ABM 会帮你将资源聚焦在目标客户身上。

2. 潜在客户不是在随意浏览网页，他们在寻找解决方案。实施 ABM 战略和技术之后，你就可以及早发现这些有需求的优质客户。想象一下，在潜在客户的采购过程中，你可以在恰当的时机与他们进行接触，这种感觉多棒啊！事实上，这些潜在客户并不是在随意浏览网页，而是在寻找他们需要的解决方案。与此同时，你希望能够提前洞悉客户尚不成熟的想法。

为支持 ABM 战略的落地，需要采用相应的技术。这些技术能够帮助你评估目标客户在采购过程中所处的阶段，以及他们在采购中关注的主要内容。这样你就可以避免把时间浪费在那些与目标客户想法不一致的营销内容上。本书后面的章节将会对此进行详细的介绍。

3. 在目标客户尚未在网站上填写表单、提交任何个人信息之前，你就可以向他们推送个性化信息。人们在公司网页上填写表单就可以获得相关白皮书，报名参加网络研讨会，或获得其他资料。多年来，我们已习惯于这种"守株待兔"的方式。除了那些不愿意填写表单的人之外，这也算是行得通的办法。那些人之所以不愿意填写表单，是因为他们担心随后会被各种销售跟进打扰。因此，他们要么不填，要么伪造一些信息或使用一次性的电子邮件地址。

采用ABM，你不仅可以在目标客户访问网站时为其提供量身定制的页面内容，还可以决定内容的个性化程度。有了定位精准的与目标客户高度相关的信息，你就不用再发送很多泛泛的、低效的内容了。

4. 营销和销售实现同步，这样营销团队就能提供销售人员真正想要的销售线索。你是否曾向销售人员提供过销售线索，结果却发现他们根本没有跟进？我们理解这种感受。比较理想的情形是，你所提供的销售线索都是销售人员求之若渴的。但这可能吗？如果我们告诉你这种情形是真实存在的呢？

当ABM战略运行良好时，就会出现这种情形。我们在这里要特别强调"运行良好"，因为有时候人们认为自己是在应用ABM，但实际上并没有正确应用，或只是部分应用而已。后面我们将详细讨论这个问题。我们还将为你介绍许多真实的案例，来展示ABM促进营销团队和销售团队目标一致、精诚合作的效果。

5. **营销预算可以灵活调整，以确保对那些接近成交转化的销售线索投入更多的资金**。通常来说，只有少数选定的潜在客户值得我们按VIP标准投入资金，但现实情况却是大量预算内资金被花在了广撒网的营销活动上——很多人认为导入销售漏斗的线索越多，就有越多的机会赢得客户、完成销售目标。我们认为这是对资源的浪费。

采用ABM，可以将用于目标客户的费用按销售进展进行调整。随着目标客户在销售漏斗中前进，他们将获得更多的关注和资源，这当然是他们希望得到的礼遇。而且，这有可能在不增加公司预算的情况下做到。事实上，采用ABM，公司预算开支甚至有可能降低，但目标客户的体验却能提高，我们将在后面的章节解释如何做到这一步。

后退一步看问题

作为专业的营销人士，我们都知道最好的客户往往是那些在刚开始时就提出很多问题的人。在相信你给出的答案之前，他们首先要搞清楚这些事情到底是如何运作的，是否与他们的理解一致。

阅读本书的第1章时，我们估计你对ABM以及它是否适用于你的实际情况存有大量疑问。通过本书，我们将一起解决这些问题。现在，我们就开始解决一些可能已经存在于你脑海中的问题。

"这到底有什么新鲜的？目标营销已经存在很久了。"一些既有的标签和概念有时反而会成为一种阻碍。正如计算机已经普及几十年了，但早期的计算机与现在的计算机相比，性能早已无法相提并论。

一般意义上的ABM已经存在大约20年了。它最初被冠以"战略客户营销"（Strategic Account Marketing）或"目标客户营销"（Target

Account Marketing）之名，以便与销售团队经常使用的"目标客户销售"（Target Account Selling）概念保持一致。

多年来（尤其是近几十年），企业通常都聚焦于相对少数的特定客户——企业通过深入接触和个性化的方式与目标客户互动，包括客户晚宴、高管汇报会，甚至是专门的网络研讨会等。这需要营销团队花费很长时间，甚至采用一对一的客户关怀方式才能见到效果，不宜广泛使用。大多数企业只能为少量的客户提供这样关怀备至的服务，即便是那些拥有充足资源的大型企业，可能也只能把这种深入接触、个性化的营销方式扩展至最多几十个客户而已。

到了 2000 年左右，我们注意到了两项重大技术进步，即营销自动化系统（Marketing Automation System，MAS）和客户关系管理（Customer Relationship Management，CRM）系统的出现。最终，数字营销系统的表现超越了电子表格和文字处理工具，并开始在大型营销部门中发挥作用。

然而，这些数字营销系统也有其局限性，它们只关注电子邮件。虽说电子邮件是很好的沟通渠道，但电子邮箱很快就被垃圾邮件所充斥。电子邮件的普及，成就了垃圾邮件的"黄金时代"，但是那时相关公司（比如谷歌）还没开发出有效的垃圾邮件过滤系统。由于垃圾邮件的泛滥，电子邮件的反馈率大幅下滑。

此外，这类营销系统还有两个短板：其一，只关注个人；其二，只能被动反应，需要先通过线下活动或线上表单来获取企业联系人信息，然后才能开始向这些个人展开营销。

ABM 的出现源于有些营销人员意识到目标客户正是使营销团队和销售团队之间脱节的事物。如果这两个团队能在客户与营收方面紧密合作，那么大家就会朝着同一个方向努力。

克里斯是 Demandbase 的创始人，他的整个职业生涯都与 B2B 的销售和营销工作相关。在杜邦和通用电气，他担任过多个营销和技术销售职务。例如，他曾负责管理某个地区的 25 个客户。但他的工作不是发展新客户，而是维护每年给公司带来 2500 万美元收入的老客户。多年来，他从事过目标客户营销，也做过目标客户销售，不过这两种工作有很多相似之处。

随后，克里斯和别人一起创立了一家公司，帮助大型企业寻找并管理全球供应商。他们曾为苹果、通用电气和戴尔等公司服务。克里斯当时负责营销工作，对于营销工具的不足和工具功能匮乏的状况，他感到很惊讶。

公司被收购后，克里斯开始从事咨询工作，帮助小型企业研究它们的营收计划，他通过逆向思维推演出达成营收预期应该开展怎样的营销工作。一些风险投资公司经常会请他分析投资对象，他的报告经常出现这样的内容："销售团队还没开始销售，你的公司就已经无法达成营收目标了，因为他们收到的销售线索来自那些永远不会购买的企业。"

在从事营销、咨询等不同工作后，克里斯逐渐意识到，在围绕优质客户进行的工作中，销售和营销之间缺乏有效的连接与沟通。以按点击付费的广告为例，100 条销售线索里也许只有 4 条值得继续挖掘，剩下的线索或者来自不相关的行业，或者来自规模不匹配的企业，或者来自并不是来寻找产品的人。

传统的营销工具主要用于 B2C 领域，注重对消费者年龄、性别和收入等信息进行分析，而 B2B 领域则更关注行业与营收等信息。克里斯在创立 Demandbase 时就致力于改变营销工具匮乏的状况，希望利用科技赋能 ABM，实现 ABM 的规模化。

克里斯喜欢说："只有清楚了解你的营销对象是谁，你的营销工作才能做得更好。"

技术发展到了一定的程度后，它可以支撑和扩展 ABM 模式以聚焦高价值客户。客观来说，在 1967 年，存储 1 兆字节（1M）的数据大约需要花费 100 万美元。㊀现在，一些厂商通过使用云应用程序，可以为你免费提供数百万倍的数据存储空间服务——最高可达 1 太字节（1T）。㊁

技术发展使得原本需要人工处理的 ABM 得到了扩展和优化。除了廉价的存储服务，ABM 还通过海量计算能力、数据科学领域的新发展，以及更为复杂的网站个性化工具等，得到了进一步赋能。只有当这些技术发展成熟并且可以组合应用时，ABM 的规模化才会成为可能。图 1-1 总结了 ABM 的演进过程。

"那么，有哪些以前不可能实现的新功能呢？"第一，关注客户整体，而不再局限在某个人身上。这也是 B2B 营销必须做到的。作为消费者，通常我们会自己做决定，或咨询一两个人之后再做决定。但在 B2B 领域，采购决策小组的人数平均在 6 人以上。㊂ABM 可以帮助你了解某个目标客户有多少人正在研究同一个问题。

㊀ https://www.computerworld.com/article/3182207/data-storage/cw50-datastorage-goes-from-1m-to-2-cents-per-gigabyte.html.

㊁ https://www.computerworld.com/article/2490087/cloud-computing/microsoft-boosts-onedrive-storage- to-free-terabyte.html.

㊂ https://hbr.org/2017/03/the-new-sales-imperative.

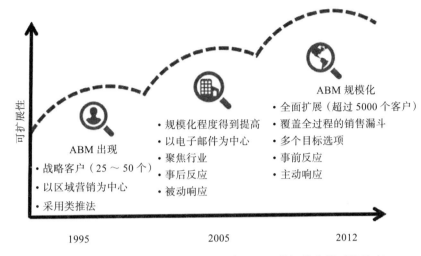

图 1-1　ABM 出现已有一段时间，但 ABM 的规模化是近期的事

第二，ABM 甚至可以在目标客户尚未发表意见，或者还没在网站留下联系方式之前，就帮助你发现和识别他们对产品及服务所显示出的购买信号和真实意图。

第三，ABM 可以为你的销售团队提供有关目标客户及其决策者的洞察和相关信息，助力销售人员更快地完成交易。哈维·麦凯（Harvey Mackay）是畅销书作家，也是麦凯信封公司（Mackay Envelope）的创始人，他发明了著名的"麦凯 66 客户资料表"（Mackay 66）。该表由 66 条关于 B2B 客户关键决策者的信息构成。麦凯要求销售人员每次至少要收集到一条新的客户信息才能回来。⊖ 当然，那是很多年前的事了。现在，一些 ABM 系统每个月可以收集到客户和相关人员多达 2000 亿个数据点的信息，为销售人员提供可用的背景资料，以便最大限度地改善客户关系，提升客户的参与度，推动销售进展。

⊖　http://www.harveymackay.com/wp-content/uploads/2016/01/mackay66.pdf.

第四，ABM 可以在网站上为来自目标客户的访问者提供高相关度、个性化的体验。比如，如果你销售的是直流电机和涡轮发动机，并且知道 Acme 公司使用的设备只能匹配你的涡轮发动机，那么就没有必要给来自 Acme 公司的访客显示直流电机的信息。最酷的是，你可以实时为目标客户提供这些量身定制的体验。

第五，ABM 能让你**规模化**地完成所有这些工作，这个功能很强大。你可以针对成百上千个合乎条件的目标客户，提供为其精心定制的信息，并且所定制的内容与这些客户在其采购进程中所处的阶段相匹配。

重要说明：与 CRM 工具不同，ABM 不是一款简单的应用程序或一项服务。虽然运用了技术手段，但 ABM 在本质上是一种战略。这就是为什么你不能为自己"购买"一个 ABM，然后在贵公司即插即用。你首先需要确定战略，然后与公司各个部门达成共识，设置高效的沟通途径和报表系统，最后才是将技术整合进来。本书后续章节会有更多与此相关的内容。

"基于你所描述的个性化程度，实施 ABM 的成本肯定很高吧？"
正如我们将在下一章详细讨论的，ABM 要求营销团队与销售团队共同创建一个目标客户名单，名单中的客户是最符合条件也最有可能带来销售收入的客户。相比于传统的营销方式，你的工作将聚焦在少量客户上。因此，实施 ABM 通常可以保证整体营销费用基本持平，甚至低于实施前的水平。

我们接下来也会讨论 ABM 可以在长期保持客户满意度方面发挥重要作用。这势必将减少客户流失，降低运营费用，并且延长客户价值的生命周期。

"我们很希望提高 B2B 业务的效率，但是我怎么知道这种方法能在我们的业务中奏效呢？"在实际应用 ABM 之前，谁也不知道。（我们说过，这不是一本自卖自夸的宣传资料。）

ABM 并不适用于每一家企业，就像没有一种解决方案是万能的。这就是为什么我们将在接下来的章节中花费大量篇幅解释如何在你的企业尝试一个小型试点项目（在你尚未购买任何技术之前）。这样，你就可以了解 ABM 是否适用于你企业的实际情况。

截至目前，这是对上述问题唯一有效的回答——如果有人告诉你，"是的，我们并不了解你确切的业务，但 ABM 对你的业务来说是完美的"，你要明白这是荒谬可笑的。

ABM 战略的主要收益

我们在前面也谈到过，直到现在，技术才能够支持企业大规模地应用 ABM 战略。我们还谈到了 ABM 不是一个简单的工具，而是一个战略，它结合了技术、营销和销售协同的目标与薪酬体系，以及高效的沟通等，可实现效果最大化。

一旦企业具备了相应的条件，ABM 战略开始发挥作用，你就可以期待下列显著效果。

第一，你会看到营销团队和销售团队之间历来存在的隔绝与冲突将被终结。冲突的根源是两个团队关注的重点有所不同，营销团队通常关注的是个人，而销售团队更关注作为客户的整个机构。这两个团队的步调偶尔一致，但在大多数情况下都不一致，不同的关注点会导致这两个团队的业务受阻。

ABM可以帮助营销团队将关注重点从客户里的个人转移到整个机构上来，令销售人员如释重负，这种效果在许多企业已经得到证明。不仅如此，大家将在本书后面的章节中看到，应用ABM后，营销资源将会进一步聚焦于特定的目标客户。通过这种方式，大家的精力和资源都集中在相同的目标客户上，这有助于更快地达成交易。

第二，你的公司最终能够专注于销售线索的质量，而不仅仅是数量。这是很重要的一点。这时候就需要ABM"战略"来帮忙了。这个观念的转变，在一开始对某些人来说是一种挑战。大多数企业习惯于将重点放在销售线索的数量上，它们将大量的线索导入销售漏斗的顶部，期待着其中的一些最终能到达漏斗底部，实现交易。

想象一下，这一过程对各方来说是多么痛苦。因为历史数据显示销售线索赢单率仅有百分之几，营销人员必须加倍工作来填充销售漏斗，销售人员即便知道大多数线索都不会有任何结果，也不得不对所有的销售线索进行筛选和分类。双方不得不玩这个数量游戏，因为大家都认为这好像是唯一可行的方法。然而，在访谈过的所有B2B企业中，我们发现有50%～75%的潜在客户永远无法得到任何跟进（具体比例因项目类型和企业文化不同而有所不同）。我们相信你对这一点也不会感到意外。

改变游戏规则的是ABM。当你的KPI和薪酬直接与销售线索的质量挂钩时（稍后我们将向你展示如何做到这一点），营销人员就会关注高质量销售线索，这些销售线索所对应的目标客户更有可能成为买家。相应地，销售人员也能把重心放在来自目标客户的销售线索上。采用ABM之后，销售人员可以有更多时间聚焦于他们感兴趣的客户，而不是对众多没有价值的销售线索穷追不舍。

第三，企业的运营效率得到提升，并趋近于我们之前提及的零浪费营销战略。一旦与销售团队就目标客户名单达成一致，你就可以集中精力办大事。例如，你将能从 5 个目标客户中的 1 个获得 3 条来自其决策者的销售线索，而不是从 5 个不同的客户处获得 5 条质量较低的销售线索。这样，你将能更有效地影响客户的购买决策。

一旦你有了明确的目标客户名单，利用 ABM 平台，你的营销计划就可以专注于向这些目标客户主动传递信息，而不是寄希望于它们的人员来你的网站填写表单。你可以使用巧妙的采购意图推测方法，根据目标客户所处的阶段采用与之相匹配的信息进行互动，推动它们在采购进程中继续前进。

由于 ABM 平台的存在，营销团队和销售团队将获得比以往更多的客户信息来完成所有的工作。在参加企业内部会议和拜访客户时，你可以更加深入地了解这些目标客户。这些新增信息也可以帮助销售人员更有效地确定销售线索的优先级，从而最大限度地将销售线索转化为商机，并最终转化为销售收入。

如何顺利地过渡到 ABM

万事开头难！在需要彻底告别过去的做法时，无论是采购新的企业软件系统还是进行其他重大变革，初期都可能引发人们的不安，并且无法立刻见效。幸运的是，在转型至 ABM 时，你无须跨越这些鸿沟。

在与世界各地的企业合作时，我们会阐释如何通过三个阶段轻松实现 ABM 战略。

第一阶段：新视角。在这个阶段，你要在客户和营收这个新视角下重新审视并评估当前的状况，而不是像以往一样只看销售线索及其数量。这个阶段的目标是评估 ABM 实施之前的情况，通过指标和报告来准确地描述当前的状况，并设定你的基准线。设定基准线非常重要。有了基准线后，当你开始从试点项目中收集数据时（这也是在第一阶段会发生的事情），就知道应该收集那些与基准线相关的数据。ABM 试点项目还提供了一个很好的机会，让你能够根据企业需求来弄清楚哪些做法有效，哪些做法无效。

第二阶段：新计划。通过运行试点项目，你已经获得了一些数据和经验，此时正是复制并推广这些经验的最佳时机，是时候让 ABM 成为整个企业的营销和销售战略了。但因为每家企业的情况不太一样，在推广方面你还需要找到适合自己的路径。这个阶段的目标是优化：找到最适合本企业的方案和流程，优化预算，并根据 ABM 来评估技术组合（技术栈）。

第三阶段：新思维。只有到了第三阶段，在看到 ABM 在达到企业基准线和提升企业内部协作方面的效果后，你才能全力以赴推行 ABM。在这个阶段，你要继续锻炼团队，优化方案，让企业像高性能的机器一样高效运转。你将在三个层面上运营 ABM——一对一、一对少、一对多。在此阶段，你唯一的遗憾就是没有早点了解 ABM。

~~~

既然你已经从整体上了解了本书所涵盖的内容，那么就让我们进入构建企业 ABM 基础的关键模块吧。

ACCOUNT-BASED MARKETING

第 2 章

基本模块

> ABM 的基本概念

我们先假设你对 ABM 的理念很感兴趣，希望了解更多的内容，也想知道如何能使 ABM 在你的团队中发挥作用。

在第 1 章中，我们提到了 ABM 战略下一些技术应用所带来的收益。现在，让我们来深入探讨 ABM 带来的组织收益。全球不少大型企业以及很多小型企业，在将 ABM 与自身的 B2B 目标相结合后，都获得了这些收益。

ABM 带来的组织收益

近几年，与 ABM 相关的工具数量呈爆发式增长。其中，有些工具只能带来单一收益，因此被称为"单点解决方案"。虽然在某些场景下可能适合应用这样的工具，但我们的经验是：只有将 ABM 作为一个战略而非一个工具，并让其发挥核心作用时，企业才能充分获得 ABM 能带来的好处。否则，很可能会有人跳出来说："我们曾经尝试过应用 ABM，但没有得到多少好处。ABM 没什么用。"

我们稍后将探讨：为了使 ABM 行之有效，你需要采取哪些具体步骤。如果你已切实为应用 ABM 奠定了牢固的基础，就可以期待在以下四个方面获得收益。

1. 终于可以聚焦在大量的优质商机上了。如前所述，企业能重点关注的大客户相对来说很有限，不能超额。从过去的情况来看，如果你对那些大客户之外的企业知之甚少，那也就只能玩玩数量游戏了——因为能够转化为收入的销售线索很少，所以只好增加进入销售漏斗的销售线索数，把漏斗装得越满越好。

ABM 可以帮助你将一场数量游戏转变为质量博弈。你跟进的销售线索数量减少了，意味着你可以将更多的资源投入到最好的销售商机上，从而获得更快的销售漏斗推进速度和更高的赢单率。

2. 营销部门和销售部门协同一致。ABM 要求营销部门将关注点从个人转移到机构，而这正是销售部门所关注的。两个部门之间由于历史原因形成的紧张关系不会奇迹般地完全消失，但会随着 ABM 的推进得到大大缓解。更好的消息是：随着你所在的营销部门从 ABM 战略中获益，销售部门将会更加密切地配合你的工作，帮助你取得成功。

3. 客户能获得更好的体验。聚焦于数量有限的目标客户，意味着你可以为它们提供更为个性化的体验。营销部门不再仅仅关注客户需求的挖掘，而是在客户整个购买旅程中与销售部门携手合作，将客户需要的信息反映在你公司的网站上，让客户公司的所有相关人员都能看到，因为他们会从网上了解你的产品。两个部门的协同一致会加速销售进程。

4. 营销与营收相关联。创造营收一直是企业运营的一个基本的、普遍的要求，因为你不可能直接将销售线索交给银行来换取营收。ABM 解决了这个脱节的问题：在以前，营销人员提供了销售线索就能获得奖励，但是这些销售线索最终往往没有给企业带来营收。营销目标不仅要与客户挂钩，更要与那些能产生营收的客户挂钩，只有这样，营销部门和销售部门才能配合得更紧密，朝着同一个方向努力。

没有放之四海而皆准的解决方案

有多少家企业使用 ABM，就有多少种 ABM。话虽如此，但我们还是可以将不同的 ABM 归纳为三个层级，如图 2-1 所示。

一对一 ABM

我们曾经探讨过一对一 ABM，基本上我们一直都在用这种方式。当彼得还在担任 Adobe 全球营销负责人时，这种方式被称为"目标客户营销"。他的团队与销售部门合作，挑选了大约 20 个客户，然后花费大量心血编制了当时被称作"客户计划"（Account Plan）的报告，每份 5～10 页。这些努力是值得的，因为销售人员非常喜欢营销部门提供的这些详细报告，包括组织架构图、决策者名单、关键销售主张等。

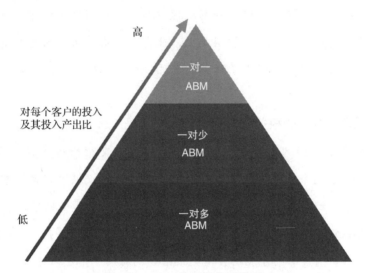

图 2-1　ABM 的三种主要类型

资料来源：ITSMA, ABM 领导力联盟. ABM 基准调研 [R]. 2017-07.

坏消息是，尽管 Adobe 是一家拥有丰富资源的大企业，但它实际上也只针对 20 个客户准备了这种报告，因为整个准备过程异常困难。

设想一下，如果我们现在将 ABM 应用于一对一的营销中，能做到哪些事情？我们能提供组织架构图和决策者名单，能制定更好的关键销售主张，因为通过应用数据科学，我们不仅能知道那些来自重要客户的人通过什么渠道搜索信息，还能了解到他们搜索了什么。不仅如此，我们还能根据他们搜索的内容了解其搜索目的。片刻之间，我们就能获得很多信息。

一对一 ABM，关注的往往是已有的关键客户。不过，我们也可以针对某个尚未成为真正客户的目标企业采用这样的个性化营销方式。

一对少 ABM

一对少 ABM 是一种混合的个性化处理方式。我们往往在与具有类似特征的一群客户打交道时采用这种方式。这种群体一般包括 5～15 个客户，它们拥有共同的特征或面临相似的问题。

例如，某个油井设备供应商可能会创建一个关于"压裂废水管理"的客户群，这个群关注的是如何处理与油井压裂相关的环境问题，另一个群则可能关注"钻柱耦合"问题。这两个客户群关注的虽然都是油井设备的某些共同特征，但它们又面临不同的挑战，因为每个客户对各自问题的解决方案有着非常具体的需求。

通过创建一对少 ABM 客户群，你仍然可以为特定市场的目标客户提供非常具体的信息，但这些信息针对的是拥有某些共同特征的几家企业，而不像一对一 ABM 那样只与一家企业高度相关。

为什么有时候要选择一对少 ABM，而不是一对一 ABM？因为这便于你有效应对共同特征，不需要再做更加个性化的处理。

一对少 ABM 通常关注的是面临相似问题的已有重点客户，以及拥有同样特征的新客户。

一对多 ABM

一对多 ABM 这种方式通常用来从目标客户名单中挖掘更多的销售商机。举例来说，如果你的一对一 ABM 计划包含 5 个客户，一对少 ABM 计划包含另外 45 个客户，那么一对多 ABM 计划就可能包含 1000 个以上的客户。基于客户的某些共同特征，一对多 ABM 仍然可以实现一定程度的个性化，比如这些客户同在一个行业，或者都处在销售周期的某个阶段，或者关注同一种产品，或者在同一个区域等。

如图2-1所示，沿着金字塔往上走，越向上，代表着营销个性化、深度接触的程度越高。你为处于更高层级的客户投入更多的时间和资源，也期望着从它们身上获得更高的回报。这又回到对目标客户名单进行细致甄选的问题上来，我们将在第4章详细探讨这个问题。

当然，在这几种ABM方式之间不存在严格的界限，企业也不会只采用其中一种方式。实际上，企业对于一些最为重要的客户可能会采用一对一ABM；当在一个相对较新的市场发布产品时，可能会采用一对多ABM。

下面就到了决策优化环节。此时，你已经有了用以覆盖现有客户和新客户的预算与人员，也设定了业务目标。我们发现，最好的优化方式是根据可能出现的情况进行优化。

"如果对这个客户群采用一对一ABM会怎样？剩余的预算可以用来对其他客户采用一对少ABM。但如果这样，我们今年只能实现50%的营收目标。因此，我们可以将一小部分预算从一对一ABM和一对少ABM中分出来，通过一对多ABM覆盖另外的1000个客户。"当然，你需要和销售部门一起制订计划。对于将客户分配到哪个ABM层级的问题，销售部门可能会有不同意见。但换一个角度思考，由于双方均感觉到自己参与制订了这个计划，双方也就会共同努力以获得成功。

这与你在编制预算和制订计划时早已习惯的反复修改并无太大不同。你们一开始制订的草案可能不是最优的，只有在经过详细讨论后，你们才能对所有起作用的因素达成共识，以最优的折中方案平衡这些因素。

当然，这些决策也不是一成不变的。在获取新的信息后，你也可能对决策做出调整。实际上，你可以基于这些信息调整客户的 ABM 层级。例如，如果你清楚地知道，在你的一对一 ABM 层级中，有一个客户在现阶段不能为你的公司带来任何营收，那就应该把它移到一对少 ABM 层级——可能你仍想给它一些额外关注，将其留住，因为它也许会在未来带来较多营收，但是按照一对一 ABM 的标准继续投入并不明智。这样做以后，你能释放出相应的资源，将某个具有较大发展潜力的新客户转移到一对一 ABM 层级。

我们要确保不对客户进行频繁的层级调整，因为那将导致营销活动丧失方向、举棋不定。通常，我们建议你按照既定的决策和方向行事。如有可能，请根据你的销售周期，基于季度或更长的时间段制订计划。通过这种方式，你可以获得充足的时间来实施 ABM，从而得到一些有意义的数据，并且根据这些数据完善你的决策。

数据是 ABM 战略的核心

如今，各家 B2B 企业都不缺少海量的数据，但采用 ABM 战略的企业使用数据的方式有所不同。首先，你将使用大量数据来创建目标客户名单。你的决策应基于更广泛的数据，而不能仅仅关注高端客户或全球 500 强企业的数据，这部分内容我们会在第 4 章展开讨论。

其次，数据会影响你的网站策略。实施 ABM 战略的企业不会只为每种产品及服务提供静态页面，而会将所创建的动态内容与静态页面相结合，基于网站访问者的个体情况展示相应的个性化内容。

最后，在 ABM 领域，数据会影响你对营销计划的选择。例如，你不会因为所在行业的企业都在采用网络研讨会的方式进行营销而去跟风。除非有可靠的数据表明，你的目标客户名单中的客户对这种交流方式反应良好（这时你可有的放矢地开展），否则你不该开展此类交流。

识别客户意图

我们还可以利用数据发现客户行为背后的意图。例如，设想我们可以查看一个名叫"埃伦"的人在搜索时用的关键词，并发现她对油井压裂问题感兴趣。如果她只是输入"压裂"，那么她的意图还很模糊。根据这个词，她很可能并不是在石油和天然气行业工作，而是在撰写一篇关于水力压裂方法演进的学期论文；当然她也可能是一个处于采购前期阶段的设备买家。对此，我们还无法得出结论。

接下来，我们看到埃伦输入了"压裂设备供应商"。现在她将搜索范围缩小到了特定供应商，而不只是一个通用术语。虽然她的意图依旧模糊，但比之前要具体一些了。埃伦接着搜索了"哈利伯顿（能源行业产品与服务供应商）与斯伦贝谢（油田技术服务公司）的生产优化解决方案对比"。现在我们就清楚了，她不是在撰写学期论文，而是在对油田设备供应商进行对比分析。对于选择哪一家的产品，她的决策可能举足轻重（这时就是向她推送"如何比较不同的生产优化解决方案"广告的大好时机）。当埃伦输入"ResFlood多区域选择性分注系统替代方案"时，我们对她的意图就有了清晰的把握：此人了解具体的解决方案，现在唯一可能的问题就是谁能满足她在价格、可用性等方面的要求。

这只是一个简单的例子，数据科学家们非常擅长从他们处理的数十亿个数据点中识别出相应的客户意图。但别忘了,埃伦可能只是她所在企业的几位决策者之一。ABM 的强大之处在于它不仅能发现埃伦的意图,还能挖掘出埃伦所在企业中其他人的意图,而这些人对于企业面临的挑战有着不同的视角和认知水平。

使用 ABM 识别客户意图的做法妙就妙在:一旦围绕行为意图完成了人工智能及机器学习模型的创建、测试和完善,你就可以获得目标客户名单中的客户行为意图报告。即使名单中有数千个客户,也可以做到这一点。为方便向客户传达信息,你仍然可以按照一对一、一对少和一对多的方式对客户进行分组,不过有了关于客户行为意图的详细信息,个性化信息的传达可以更为精准和有效。

ABM 应关注的六个重点领域

为了进一步了解 ABM 战略的主要组成部分,我们看一下在销售漏斗中应用 ABM 时应关注的六个领域(见图 2-2)。

图 2-2　在销售漏斗中应用 ABM 时应关注的六个领域

1. 识别

所有的企业都会重视那些它们认为重要的客户。但是，当重点客户名单慢慢有了胡拼乱凑的成分，或者企业变得经验直觉至上，有类似于"**这些**客户当然应该出现在我们的重点名单上……"这种想法时，那么营销就会出问题。

如果你没有花时间聚焦于正确的客户，制定数据驱动型决策，并与销售团队紧密合作，为 ABM 打造坚实的基础，那么你的 ABM 战略只能是镜花水月，难以实现。因此，这一阶段值得你花时间和精力来关注，以确保你从一开始就走在正确的道路上。我们还将在第 4 章详细介绍这一关键领域。

小案例

某个行业领先企业的管理者曾来我们这里咨询 ABM。当我们询问该企业做 ABM 的目标时，他们说："我们最近决定，通过大幅提高订阅费用，排除相当一部分规模较小的中型市场客户，进而专注于企业级客户的业务。我们已经创建了一个初步的目标客户名单。"

"可以，"我们说，"那你们实施 ABM 的目标是什么？"

"我们希望提高在企业级客户中的知名度。"

因此，我们首先假设企业级客户对该企业不太了解。这样假设没问题，但在采取任何行动之前，我们想先确认一下这个假设。我们对该企业网站的实际访问者进行了分析，并将结果按照目标客户和非目标客户进行了分类。

结果显示：这根本不是知名度的问题。我们发现许多企业级目标客户已经知道这家企业，并且也访问了它的网站——但企业级客户的跳出率几乎是中型市场客户的两倍！我们现在有了一个新的假设：该网站没有识别出企业级客户的身份和需求。

据此，该企业新创建了一个面向企业级目标客户的主页，突出了其市场定位。例如，它展示了企业级用户的标识（Logo），并且经常在网页上出现"企业级"这个词。测试结果表明，目标客户的跳出率下降了50%。

这是ABM有功效的另一个例证：你甚至可以在实施整个ABM战略之前，就认识到你现有的营销和销售工作的进展如何。对网站的当前访问者进行全面分析是可以在早期采取的简单行动之一。

2. 吸引

此时，你已经确定了目标客户名单（在第4章中将有更详细的论述），下一个要关注的主要领域与吸引有关。更具体地说，你要的不仅仅是"吸引更多的目标受众"，因为这样说过于模糊，无法衡量效果。

我们来看一下成功的吸引应该是怎样的。首先，它必须与目标客户名单直接挂钩。你不应该只查看下载量、回复量、展位参观人数等纯数据指标。你现在的重点是质量，而不是数量。因此，请重点关注目标客户的下载数量和比例，它们可以告诉你：你触达目标客户的效果是否提升了？你的活动能否获得这些目标客户的响应？如果你的总体数据上升了，但做出响应的目标客户的百分比却在下降，那么你必须扪心自问：这个营销活动是不是不太成功？

另一个有关吸引的重要衡量指标是目标客户中与你有互动的人员数量，也称为客户渗透率。由于大多数B2B销售涉及多个决策者，因此互动程度可以成为一个主要指标，显示目标客户对你的产品有多大的兴趣。你的目标是将相关信息传递给所有参与购买决策的人。你交流的人越多，能为销售团队提供的支持就越多，就可以帮助销售团队加强与买家的沟通。如何实现这一目标？那就是要给区域营销团队（Field Marketing）设定一个目标：从每个目标客户中邀请两个或更多的参会者出席一场营销活动。

吸引目标客户的营销途径有很多种，以下只是其中的一些例子。

▷ 赞助活动
▷ 区域营销
▷ 网络研讨会
▷ 广告（非直邮）
▷ 电子邮件营销
▷ 内容聚合（Content Syndication）
▷ 直邮广告
▷ 搜索引擎营销
▷ 社交媒体
▷ 公共关系

那么，你应该如何优化你的营销组合？最好的方式是结合每种营销途径考虑如下6个问题。

问题1：我能否精确瞄准目标客户？

例如，如果你正在评估未来几个月内要参与的活动，那么请先将你的目标客户名单与拟参会的企业名单进行比较。在Demandbase，我们设定的标准就是一场活动中至少要有30%的与会者是目标客户，否则我们可能就不会赞助。

我们只在极少数情况下忽略上述标准，例如活动规模非常大的全球企业级科技大会Dreamforce⊖。我们知道绝大多数目标客户都会派人出席这个大会，因此会相应地制订计划，以确保可以将他们与其他参会者区分开来，并在整个大会期间直接与他们互动。我们不关注通过展位获得多少参观者，而关注通过VIP晚宴、圆桌早餐会、私人会议等方式与我们的目标客户互动，以获得更多的沟通机会。

然而，对于那些不符合上述标准的活动，我们也不一定会完全置之不理。如果有十几个目标客户将派人出席某场活动，我们可能会支付费用让销售人员去参会，让他们与销售开发代表（Sales Development Rep, SDR）合作，与这些特定客户的人员约定会面，邀请他们共进美味的晚餐，或提供其他类型的高接触体验。与旧的营销模式相比，这些目标客户将获得更多的关注，这使得我们能把时间和预算集中在真正重要的客户上。

问题2：我能否提供与目标客户相关的信息？

你提供的信息不应该再是"万金油"。现在广告可以实现个性化，网站可以实现个性化，甚至连直邮广告都可以实现个性化，因此，不要想着通过一条信息引起大多数人的共鸣，而是要找到合适的渠道、供应商和技术，帮你将相关的信息（你特别想要传递的信息）送至目标客户的人员手中。

问题3：我能否触达多个利益相关者？

如前所述，与B2C营销相比，B2B营销需要投入的时间更长。在激烈的竞争中，我们要尽可能多地影响目标客户的决策者。此时，把预算花在社交媒体上不知道是好是坏——这要依据具体情况而定。跟

⊖ CRM软件服务提供商Salesforce举行的年度用户大会。——译者注

采矿业相比，如果目标行业是娱乐业，那社交媒体上的营销会更有效。这也告诉我们，营销活动需要通过多种途径进行。比如，虽然有的人能在Twitter上看到你的帖子，但他的同事甚至可能都没有Twitter账户，但是这位同事可能会回应电子邮件、直邮广告。

问题4：我的预算够用吗？

在问题1中，我们通过一个例子来说明：通常可以通过削减花费很大的项目或者重新配置预算资金，将经费主要用于目标客户。由于ABM可让你专注于具有较高潜在价值的少量客户，因此有必要重新审视一下你在所有营销途径上的花费，然后根据这种新思维方式进行调整。诸如内容聚合或社交媒体之类的途径让你可以更轻松地将花费控制在预算之内。

问题5：我能提供更多可靠的销售线索吗？

当你回顾前一阶段使用过的营销途径时，哪些途径的投资回报率（return on investment, ROI）最高？请记住，这与提供最多的销售线索，甚至营销验证的线索（Marketing Qualified Lead, MQL）或销售认可的线索（Sales Accepted Lead, SAL）（或其他的销售漏斗顶部指标）都没有关系，而是与影响营收的能力有关。因此，哪些营销途径和计划产生的线索能够转化并进入销售漏斗，进而转化为最多的赢单，那就是你应该投入更多资源的营销途径和计划，因为它们与营收直接相关。

问题6：这种营销途径和其他途径一样有效吗？

你可以根据经验对营销途径进行排序。当然，尽可能基于数据完成排序更好，这样就可以避免受"直邮广告不再有效"之类的传统观念影响。你可能会发现，由于更加聚焦于目标客户，某些之前无效的途径开始变得有效。例如，你可以开展一场针对性很强的直邮广告活动，直接通过快递公司越过门卫将信息送进企业内部。在过去的非定向客户营销实践中，这样做的成本会高得令人望而却步。

根据上述问题查看营销组合后，你可能会得出如下结论。

- 赞助活动：这类活动较少，但每场活动需要投入的预算更多
- 区域营销：高度聚焦于目标客户，在关键区域增加"深度接触"活动
- 网络研讨会：利用自有数据库，将更多精力放在自办的网络研讨会上，因为第三方网络研讨会的费用要贵五倍，而且不会聚焦于你的目标客户
- 广告（非直邮）：单个展示的成本较高，不过因为广告费用只用于目标客户，所以总预算不变甚至可能更少
- 电子邮件营销：没有大的变化
- 内容聚合：单个线索的成本较高，不过费用只用于来自目标客户的线索，所以总预算不变甚至可能更少
- 直邮广告：增加对"深度接触"策略的使用频次，以吸引客户注意力并建立关系
- 搜索引擎营销：主要用于阻止竞争对手，但是不要期望通过它获得大量来自目标客户的销售线索
- 社交媒体：很可能保持不变，继续针对特定客户推送文章

3. 互动

用来吸引客户的活动如果没有互动，同样会导致客户的高跳出率，因此互动是确保目标达成的下一个要素。增加互动的主要方法之一是

首先将客户分成适当的群体。这就需要对目标客户进行研究，以确定它们更重视什么：比起价格，它们是否对产品可靠性更敏感？它们是否属于跨国企业的子公司？税收优惠是不是其购买的主要驱动力？或许，你在研究后会发现，一些公司可能对税收抵免或离岸税收结构高度敏感。

旧的互动模式是使用广泛覆盖的战术，希望被吸引过来的人中有一些最终会成为客户。ABM 的互动模式则是主动寻找这些目标客户，并将适合的信息传递给它们，促使其与自己展开互动。

当你在前期已经识别了客户的意图，现在试着将不同的信息传递给这些群组的客户时，你肯定会找出那些相比较而言更具吸引力的内容。你的目标就是增加互动次数并提高互动质量。

尽管你可能在客户细分方面有着丰富的经验，但是最基本的一种细分方法依然奏效——按行业进行划分。某企业在汽车、娱乐、酒店和消费品行业拥有目标客户，当它的网站监测到访客来自消费品公司 Zappos（一家在线售鞋公司）时，就会弹出有关零售信息和零售客户 Logo 的网页；当奥迪公司的人访问该网站时，他们就会看到与汽车行业相关的信息和汽车 Logo。这种方法使得该网站白皮书的下载量增加了 200%。你传递的信息相关度越高，与客户互动的程度就越高。

这并不是说你必须以某种方式为所有访问者提供个性化的网页，因为你做不到。这个例子只是告诉你可以根据需要调整个性化程度。刚开始最好只针对试点的客户进行测试。请注意，个性化方案需要针对足够数量的客户进行时间足够长的测试，这样才能获得可靠的统计信息。根据我们的经验，很多公司会过早结束测试，在获得确切的统计信息前就做出成功或失败的判断。如果可以，请给测试安排足够的时间，从而可以让你自己对结果更有信心。

在线交流是与潜在客户进行互动的最佳方式。根据 ABM 设定的信号来设定对话内容，这样来自目标客户的人在访问网站时就会看到为他们进行了部分定制的对话邀请。

假设美国银行是你的目标客户之一。即便你能精准识别对方的身份，也最好不要在对话邀请中说"您好，来自美国银行的朋友……"，因为这样做可能会吓到对方。你这样说可能更好："您好，很乐意和您分享我们是如何帮助金融服务公司的。有什么可以帮到您的吗？"

另一种情况是，美国银行已经是你们的客户，在美国银行的人员访问你们的客户服务页面时，你们可以打招呼说："嗨，来自美国银行的朋友，今天我能为您提供什么帮助吗？"这可能是非常合适的开场白，甚至令人印象深刻。

在线交流可以通过设计变得更加精细化：除了刚才提到的定制对话之外，你还可以将聊天会话分配给不同的团队进行对接。例如，所有的潜在目标客户都能收到有针对性的对话信息，并能与相应的客户负责团队对接或者获得它们的支持，所有的合作伙伴都将直接对接渠道销售团队。

这里的底线是确保潜在客户和现有客户可以找到自己需要的、感兴趣的内容。我们要使用这些信息巩固它们在销售周期中所处的阶段，或突出该细分市场所关注的解决方案。这有助于将更多目标客户纳入销售漏斗展开互动，并推动它们更快地完成购买。

4. 转化

在旧模式下，来自目标企业的某人填写了表格是可能成交的信号

(通常是当时可以获得的最早的信号)。

借助ABM,你可以根据目标企业中相关人士表现出的意图建立转化目标,主动与其进行互动。当营销部可以将有关客户的意图信号和情报信息传递给销售人员时,这些信息的价值远远超出了简单的表格内容的价值,因此增加了销售人员对这些客户进行赢单转化的概率。

5. 成交

当然,客户达成交易才是营销的终点。我们都知道在竞争激烈的环境中达成这一点有多么艰难。这就是ABM如此重要的原因:一个客户数量更少、更明确的目标客户名单,使营销部门可以重点在这个较小的范围内使用情报收集工具收集信息。而且,销售人员可以因此获得比以往更多的信息,用来聚焦于更少的高价值客户。我们在本章开始时提供的Adobe案例就体现了这一点,但目标客户名单的可扩展性要远远超过Adobe通过手工完成的20个左右的客户计划。

ABM在交易完成阶段与传统模式有着明显的差异。在旧模式下,该阶段仅是销售团队的职责,如图2-3左侧所示。

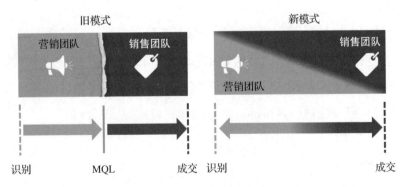

图2-3 营销团队和销售团队各有专长,但它们在ABM中合作更紧密

营销团队负责开发潜在客户，在到达 MQL 阶段时，销售团队就会接手。在新模式下，由于专注于目标客户，销售团队和营销团队在整个购买过程中一直协同工作，这有助于更快地完成更多交易，并且平均交易规模也更大。

6. 衡量

现在是时候告诉大家我们的基本原则了：无论哪种营销行为，都必须产生足够的营收，才能继续执行，而且它要以某种形式表现出更高的 ROI，才能在与其他营销方式的比较中脱颖而出。我们希望你选择采用 ABM 战略是因为你的企业有确切的数据记录表明 ABM 试点获得了成功，而不是因为我们的介绍，或是因为许多大型企业都在采用 ABM。

进行此类客观记录的唯一方法是通过若干衡量指标来为营销计划建立基准线。虽然我们将在后续章节详细讨论"目标客户名单"，但是在开启 ABM 之前就需要先列出该名单，因为你会希望持续判定目标客户相比于非目标客户的表现如何。

为了设定衡量的基准线，你需要先查看一下目前企业的网站转化率，以及跳出率、参与度等其他网站指标，并分别从目标客户和非目标客户两个角度进行统计。

一开始就用这些指标进行衡量，还有一个主要好处是可以帮你厘清应该重点关注的内容。例如，搞清楚如下有关目标的问题。

▷ 有多少目标企业一开始就访问了我们的网站
▷ 某个目标行业群体的网站访问量是否落后于其他行业群体的网

站访问量
▷ 目标客户访问了我们的网站后，是否存在大量跳出或较少互动的情况
▷ 有没有一些目标客户目前与我们的互动不错，却没有转化为销售线索
▷ 基于这些数据，我们应该如何安排工作的优先顺序

以上问题的答案促使你重新思考衡量指标。一旦你最初确定的目标客户有机会在销售漏斗中逐步前进，请搞清楚下列问题。

▷ 对于同一群目标客户，我们采用ABM前后的营销效果有什么变化
▷ 将目标客户与非目标客户进行比较时能发现什么
▷ 如何追踪到更大范围内的销售商机和企业目标
▷ 应如何对推进的事项进行优先级排序？根据所掌握的信息我们需要做哪些调整

通过这个衡量的过程，你会更理解为什么ABM战略没法购买，而必须去自行构建。每家公司的情况不一样，因此你需要的是用数据证明：针对你的目标客户，应用ABM战略能实现之前无法完成的目标。

温馨提示

你需要这些数据的另外一个原因，就是它们可以帮助你克服障碍，更好地在企业中全面实施ABM战略。我们在这里只想实话实说，即便你有很好的数据来支持这种营销变革，即便营销变革会带来最终的

双赢局面，但无论从哪个角度考虑，请你都一定要做好实施 ABM 之后的变革管理。

根据艾萨克·牛顿的理论，静止的物体倾向于保持静止状态，运动的物体倾向于保持运动状态。为了让一些人动起来，让其他人按照正确的方向行动，你需要收集到所有强有力的证据，并按照前面列出的衡量方式呈现出来。我们将在下一章探讨如何让你的企业发生这种变化。

ABM 成熟度模型

即便你的企业从未采用过 ABM 战略，也会涉及图 2-4 所示的部分内容。

让我们来分析一下这张图中的四个领域，这样你就能明白自己的企业处于哪个位置。

销售与营销协同

在 ABM 成熟度模型中，销售部门和营销部门之间最低级别的协同，就是双方已在共同合作实现企业目标这个理念上达成一致意见。你可能认为还有比这级别更低的协同，因为某些企业的销售部门和营销部门事实上在很多领域无法达成共识，那么你最好将这种状况记录下来。

销售部门和营销部门之间第二级别的协同是：不仅在理念上保持一致，而且正在开展常态化的合作。根据两个部门的互动水平，你很容易判断出是否达到了这个级别——两个部门的接触是频度较低、比较勉强，还是持久又富有成效？

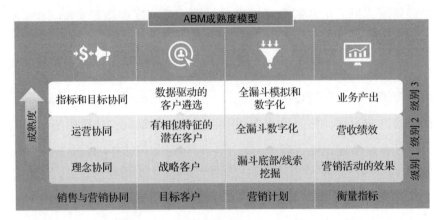

图 2-4 ABM 成熟度模型：你的企业当前处于什么位置

销售部门和营销部门之间最高级别的协同是：双方的衡量指标一致，并最终按照同样的基本要素计酬。当然，对于不同部门，决定酬劳的细节和侧重点不同，但目标和激励机制应该是相同的，一般是基于业务营收、销售漏斗以及公司的业务目标。

目标客户

循序渐进是确定目标客户名单的恰当方式。通常，早期的目标客户名单是围绕战略客户制定的。战略客户的数量是已知的，从中确定哪些能作为目标客户并达成一致，对销售部门和营销部门来说是容易做到的。

在 ABM 成熟度模型中，中等成熟度的目标客户是：有相似特征的潜在客户。这时，你的企业对已成功签约的客户的特征有一定了解，希望寻找更多类似的潜在客户。

再高一级的是数据驱动的客户遴选，即基于预测模型的目标客户定位方式。此时，主要关注哪些企业最有可能在将来成为目标客户，判断依据是它们与你的客户的特征是否非常吻合。

此外，还有一种基于意图的目标客户定位方式，主要关注当前哪个客户发出了购买信号。

最精细的目标客户定位模型会综合运用相似特征匹配、预测模型和意图定位这三种方式，这样可以识别出通过单一目标客户定位方式可能遗漏的客户。

例如，如果只关注客户的意图，你可能只会识别出那些开始调研你们企业的客户。这样一来，你可能会遗漏掉其他客户——这些客户可能非常符合你应该关注的客户类型的特征，但它们还没有表现出购买意图。

在开展 ABM 的早期阶段，由于已经识别到足够多的目标客户，你可能并不需要用到上述所有的目标客户定位方式。但你要知道，如果时机成熟，综合使用这些方式可以帮助你识别出更多的目标客户。

营销计划

很多营销部门的日常工作都处于成熟度最低的级别，即线索挖掘级别。

线索挖掘对于起步阶段是够用的，而对于复杂度高一些的营销计划，就该应用我们此前讨论过的做法：越早采用 ABM 越好，在将线索纳入销售漏斗之前先对其进行衡量，接着识别潜在客户并吸引它们的关注，然后是互动、转化、成交和效果衡量环节。

中等成熟度的营销计划主要通过数字化的方式来实现。而最复杂、成熟度最高的营销计划能跨越数字化方法和模拟方法的界限，基于一种混合的方式，将潜在客户转化成真正的客户，并最终带来实际营收。

衡量

与上一领域类似，大多数企业的日常运营实践只达到了成熟度的最低级别：衡量营销活动的效果。

但是，有些营销活动虽然取得了成功，却有可能导致营收的减少。这时，就需要关注营收绩效的衡量指标：赢单率、平均交易规模和销售漏斗转化速度。对这些指标的衡量会驱动营收的增长。因此，当CEO、首席营收官和首席营销官能够协同一致，为相同的业务产出提供支持时，就会带动营收的增长。

针对 ABM 成熟度模型的四个领域，你在判定自己的企业所处的位置时，一定不要过多地陷入细节。你的企业可能跨越了其中一个级别，在某方面的成熟度高于其他方面，这也是可能的。对于你的企业所处的位置，请记下最好的评估结果。

这个目标和我们前面讨论过的内容相似：你应该事先进行衡量，然后在尝试应用 ABM 一段时间后，进行一次事后衡量。这样做不但能体现你的企业在 ABM 成熟度方面的进展，还能指明你的企业在哪些方面止步不前，它们涉及在下一阶段工作中需要优先考虑的问题。

ABM 战略的关键转变

因为你对 ABM 的工作方式已经有了更深入的了解，现在让我们回顾一下，实施 ABM 战略会让你看到哪些变化。

冲突减少，合作增加。毫无疑问，任何由成功人士组成的群体都会时不时地出现分歧。出现问题是很正常的。当在衡量指标、目标和行动方面都能达成一致后，你就可以期待大家向着共同的终点协同工作了。

线索数量减少，质量增加。 这可能会让销售人员提心吊胆，因为通常他们总是希望销售线索多一点、再多一点。然而，ABM试点项目会表明：更加密切地关注高质量线索会使大家都轻松一些。

浪费减少，效率提高。 正如我们在第1章曾经探讨过的，没有任何营销体系是完美的，但ABM是一种最佳方式，能够帮助你朝着正确的方向前进，让营销部门和销售部门实现零浪费，就像如果你开采的是优质矿石，废料自然就少得多一样。

被动应对减少，主动出击增多。 前提是营销部门和销售部门能对目标客户名单达成一致。接下来需要优化营销组合方式，并对销售漏斗中级别更高的线索进行追踪，而不是坐等其中的某些客户通过填好的表格自动"举手报名"。

不仅发掘销售线索，还关注客户洞察。 我们都知道，获得所有你想要的销售线索很容易，也许放一块提供免费啤酒的牌子就可以了。但事实上，你需要的是高质量的线索，这些线索能够转化为商机，进一步转化为可成交的业务，并最终带来营收。能够促进这一流程的催化剂是关于目标客户行为和意图方面的相关情报。当人们开始了解到ABM是如何提供这种情报时，就不需要更多的说服工作了。

~~~

一方面，实施全面的ABM战略意味着大量的工作。另一方面，这需要各方齐心协力，向着同一个方向前进，避免出现一些公司常见的工作状态：目标不同，行动各异。

下一章我们将探讨：如何获得整个公司对ABM试点项目的支持，并最终整体实施ABM战略，获得全面收益。

ACCOUNT-BASED MARKETING

第 3 章

获得支持

如何劝说你所在的组织尝试 ABM

组织变革。

如果你经历过商海沉浮,那么这个词足以让你的后背发凉。

生意不景气时,阻止人们做出改变的借口通常是:"哎,时局艰难啊。咱们所能做的就是保持现状,别翻船就行。至于探索什么新方法,还是等事情有起色了再说吧。"

生意兴隆时,人们不愿意做出改变的借口是:"你在开玩笑吗?咱们好不容易成功了。其实,继续保持业务上的领先就够了,现在调整的话,我们的时间和精力都承受不了。等业务稳定下来再说吧。"

这些话看起来是不是有点眼熟？如果你在营销部门或销售部门工作过一段时间，就会完全理解要做成一件事有多难：大家没时间，而且每个人也都有自己的日程安排。这时你自然会想："雪橇犬都能朝同一个方向拉，为什么我们不能呢？"

1878 年教给我们什么

毫无疑问，我们生活在一个日新月异的技术变革时代。在这个智能手机的计算能力是阿波罗宇宙飞船的计算能力 1.2 亿倍的时代，⊖为什么我们还在使用 1878 年设计出来的键盘呢？

这绝不是因为它是布局最合理的键盘，也不是因为这个布局在 140 年间已经被完善得无以复加，肯定不是。

我们使用 QWERTY 键盘，是因为我们上学时学的就是这个，我们的老师学的也是 QWERRY 键盘，老师的老师也是如此。⊖"习惯成自然"，到现在我们似乎还在用这个古老的键盘完成很多事情。

我们在这里不是要探索打字机的历史，而是要说明，为什么一个明显效率低下又滞后的机制还能被保留下来——因为人们习惯了，"我们一直就是这么做的，改变的话太麻烦了"。

营销和销售"键盘"

想一下营销人员和销售人员通常是如何开展工作的，就会发现，

⊖ https://www.zmescience.com/research/technology/smartphone-power-compared-to-apollo-432/.

⊖ https://www.smithsonianmag.com/arts-culture/fact-of-fiction-the-legend-of-the-qwerty-keyboard-49863249/.

要实现营销和销售协同非常困难。传统上，营销人员的工作一直以挖掘销售线索为中心，销售人员则相反，他们的工作总是以客户为中心。

在销售漏斗方面也存在同样的情况。营销团队通常将大部分时间和精力用于漏斗顶部，采用的是数量策略。销售团队则将时间用于漏斗中部或底部，希望实现客户的转化、加速销售和达成交易。

由于一直以来营销团队的任务是交付大量的销售线索，对销售线索的质量没有那么关注。当销售团队跟进这些线索，并意识到它们的质量问题时，挫败感和压力就会在两个团队间滋生。

不仅如此，两个团队的业绩衡量体系也相互脱节。营销团队往往注重营销活动的细节指标，如出席率、点击量和邮件打开率等，而实际上我们更应该关注营销活动对销售漏斗和营收产生的影响。

当营销团队将销售线索交给销售团队时，这些销售线索通常被称为 MQL，而且一般都是营销团队自行定义什么是合格的线索。营销团队的思维模式是线索数量为先，而且线索的"质量"由其自行确定，也不会征求销售团队的意见。在这种情况下，两个部门的关系自然就日趋紧张了。

真的没有办法改善这种状况吗？我们只能像仓鼠在滚轮上无意义地奔跑那样工作吗？

不！还有办法。虽然不知道怎么让标准键盘更新换代，但我们确实已经看到 ABM 可以改善传统模式下营销团队与销售团队的关系。

在第 1 章中，我们提到了一个最佳方式：循序渐进。一步一步地推进，这样就可以避免组织内部对突然的变化产生抵触情绪。现在让我们更详细地谈谈应该采取哪些行动，以及何时采取行动。

ABM 的顺利起步

由于你要打交道的人的个性、背景各不相同，每家公司的企业文化也都千差万别，所以并不存在一套完美的 ABM 路线图，但还是有些基本步骤可供参考。当然，前提是你的同事们已经知道这个道理，只是你还需要做一些说服工作。

知道目标是什么，不是什么。在这个阶段，你所要做的不是要求人们"采用 ABM"或者"向 ABM 转型"，或者"认同 ABM 是一种更好的营销方式"，你所要做的只是让他们同意做一个小小的试点。这个小试点既应该"大"一些，这样你才能从中获得有意义的数据，又应该很"小"，使改变看起来并不可怕。请记住，它只是一个试点。

试点的主要作用是它能影响两类人。一类是那些暂时支持 ABM 的人，他们会同意进行试点。而另一类是公司里那些声称"尝试过 ABM，不过失败了"的人。他们可能只是买了一个 ABM 工具，将信将疑地简单试了一下，然后就放弃了。这也不要紧。

假设你的公司从一开始就有这样的内部反对者：他们同意接受试点可能只是为了"证明"ABM 并不适合这家公司。无论反对者是出于什么目的，进行 ABM 试点，就能验证他们的假设。

大多数人可能意识不到自己对现状的沮丧，因为他们没有对比过，不知道有更好的方法。因此，即使他们感到沮丧，也不会主动寻求完全不同的方法，只是慢慢改进常做之事，希望这样就足够了。ABM 不是一种渐进式的改进，而是一种巨变，一种可以提高营销和销售的效率、效果，以及营收的重大变革。

可以尝试，但不要摇旗呐喊。有时候，你对某个话题越是积极力挺，有些人就越感觉自己要消极反对才行。他们就像是在和你拔河，喜欢唱反调。和这样的人进行沟通，你就要讲出他们的顾虑——承认你"也不知道在公司推行 ABM 会有什么效果"。你甚至可以说你自己也有不解或疑惑，而进行 ABM 试点就可以解决这些不解或疑惑。

另外，不大力推崇 ABM，是为了尽量避免把个人因素掺入决策过程。换句话说，如果大家认为 ABM 是"你的孩子"以及"你确信 ABM 肯定会成功"，那你和这个决策就很难分开了。不如这样说：你在研究之后得出一个假设，"ABM 可能会解决我们组织的一些痛点"。

找到销售、营销和运营方面的支持者。 当然，理想的情况是各个部门都支持 ABM 试点，但这种情况很少见。你首先要在每个部门中找到支持者（哪怕只有一个），你需要以此来带动大家对试点的积极性。

你可能来自营销部门，也可能来自销售部门。作为销售人员的你，会希望同营销部门的同事一起，结束销售线索质量不佳的状况，从而聚焦于那些高价值的客户。除了营销部门和销售部门，你还需要从运营部门找到支持者——他们对于确定目标客户名单以及报告目标进度而言至关重要。

一旦试点项目结束，运营人员通常会评估、购买和实施 ABM 技术。他们还会将业务目标与项目执行情况进行关联，使用多种工具（包括网络、营销自动化技术和 CRM 系统）考核工作进度。让运营人员从一开始就介入，会让大家更快地熟悉 ABM，加速 ABM 的最终推广。

寻找具有冠军思维（Champion Mindset）的人非常重要，这里的冠军不是指"奥运冠军"，而是指那些"愿意尝试"的人。在那些陷入困境的团队中，你通常能找到这样的人，他们已经受够了目前公司的痛点，就想尽快结束这种局面，因此已经做好了尝试ABM的准备。他们可能是销售代表，或者某个行业或地区的销售负责人。

发现其他一些担任关键角色的人。这些角色不一定有正式的职务头衔（我们会介绍这些角色需要完成的工作）。你需要一个目标客户名单负责人，他应该是这方面的专家。此人应该知道这些目标客户是如何整理出来的，内部贡献者有谁，他还可以跟踪名单中目标客户的业务进展状况。

你还需要一位高管的支持。这个人至关重要，他会帮助指导团队进行必要的协调，确保各方面的协作与合规。

这里的"合规"并不是指法律意义上的合规，而是一种团队间的相互配合。换句话说，这位高层支持者需要评判团队间的协同是否正常，营销团队是否仍然只是专注于"广撒网"，销售团队是否拒绝跟进营销活动。在试点阶段，相关人员都是因为愿意尝试ABM而被挑选出来的，所以可能问题不大。但是，在工作压力下，人们总会表现出真实的一面，这将是我们经常遇到的情况。

这位高层支持者还可以帮助重置期望值。人们多年来习惯了销售线索数量多、质量低的状况，现在要转变心态，接受销售线索变少，接受自己的新角色，接受工作重心的转变可能会导致销售部门负责领域的重新划分。

特别要强调的是，我们不推荐在试点阶段就申请配备专门的ABM人员。在你通过试点证明效果之前，不要申请专门的人手。你的目标只是时不时地把这些人借来一用，就和其他很多项目或任务组一样，这应该不是什么新鲜事。只当这是一个小型临时性的试点项目，这样会比较容易地将此项目添加到人们的工作安排中。

先找人单独聊一聊。收集信息，了解人们以前对 ABM 的体验，是否有不同意见，以及当前的痛点等。你会从一对一的谈话中得到更准确的信息，远好过集体讨论的效果。有些你需要从他们那里获得反馈的人可能因为某些原因在集体讨论时会保持沉默。

带出痛点。我们知道痛点听起来不怎么悦耳，但话说回来，我们是做说服工作的专业人士。销售工作有一条原则是"找到痛点 – 煽动痛点 – 提供解决方案"（Problem Agitate Solve），这也适用于我们。让营销人员，特别是销售人员，谈谈他们当前的困难，有助于让人们知道你清楚地了解他们正在经历什么。开诚布公是对的，这会帮助大家建立一种融洽的关系，并使他们确信应该试一试 ABM。

分别描述对各部门的主要好处。如果是和营销人员交流，就多解释 ABM 试点会如何增加对客户的聚焦度并提高工作效率。ABM 还能使营销工作更多地与营收直接挂钩，而不仅仅只关注销售线索。

如果是和销售人员交流，则多讨论 ABM 会如何借助营销团队的大力支持，在确定目标客户方面做到更精准、更协调和更快速。告诉他们将不用再浪费时间跟进那些无关紧要的销售线索。

而对于运营人员，最大的好处莫过于在销售团队与营销团队之间形成协同平台和沟通语言。

财务人员迟早也会介入进来。对他们而言，在 ABM 模式下，营销费用的投入产出比有了更高的可预测性、透明度和可视性。

回复不同意见。当然，你也没有完全的对策。下面，我们为你提供了在此阶段会听到的许多常见的不同意见，以及我们认为有效的回应。

"实施 ABM 战略听起来需要一笔巨大的费用。我可没有这样的预算。"

因为 ABM 是一种有效的战略，所以你其实可以用同样的预算去覆盖更多的目标客户。

"我非常确定我们的销售团队不会提供他们的目标客户名单，或者和我们合作拟定一个客户名单。"

也许是这样，但让我们先看看他们是否同意开展一个试点项目，而不是假设他们一定不会同意。此外，我们还可能找到那些愿意合作的销售代表或行业团队。

"我很乐意帮忙，但我们已经很忙了，哪有时间实施 ABM 战略呢？我不知道。"

因为 ABM 是一种有效的战略，会帮助你减少精力的浪费，所以我们实际上能以更少的营销活动和策略，获得同样多的商机。

"实话实说，你是让我们放弃目标客户名单之外的那些销售线索吗？"

确实，我们有一定比例的收入仍将来自目标客户名单之外的客户，只是我们不用主动去找这些客户。例如，我们在展览会上有一个展位，那么我们当然很乐意与来到展位的非目标客户进行沟通。ABM 就是让我们把时间和精力放在效率最高的事情上。

"我担心销售线索太少会让我们的销售漏斗难以支撑营收目标的实现。"

我们从其他组织实施 ABM 的经验了解到，只要正确执行 ABM 战略，实际上能够获得更多合格的销售线索，减少的只是那些永远带不来生意的销售线索。

"谢谢你的介绍。对营销部门来说，ABM 听起是一个宏伟的计划。我们销售部门该怎么配合？"

嗯，很高兴你认可 ABM。不过 ABM 应该是营销部门和销售部门的共同计划，是跨部门的战略。为了从 ABM 中获得最大收益，我们需要销售部门在拟定目标客户名单、执行营销计划和信息传递方面与我们协同合作。

请记住，全球范围内的许多公司都已成功实施 ABM。在与人们讨论的过程中，可能会遇到一些不同意见，但你还没有答案去回应。这没什么大不了的。如果你认识那些已经实施了 ABM 的公司的人，那就问问他们。如果你不认识这些公司的人，请随时与我们联系，我们很乐意分享我们的浅见，以帮助你回答这些问题。我们确信已经听到过几乎所有不同意见，并且知道如何有效应对。

请求支持，而不要求承诺。一方面，你确实很希望人们参与这个试点项目，并且全力以赴。另一方面，"承诺"这个词充满暗示：承诺就是永恒。你可能会听到："等一下——我以为我们说的只是试一下！我们甚至都不知道这个试点项目能不能成功！"因此，可以说"请全力支持这个试点项目"，这样不会让人感到跨度太大，既指向相同的目标，又没有要求承诺的言外之意。

下一步：协调一致

一旦组建了团队，就应该开始协调大家齐心协力，沿着正确的方向朝着正确的目标前进。既然大家都已经在同一个团队了，这又会有多难呢？

但是，这通常很难做到。这件事当然是可以实现的，但我们建议你不要认为它会进行得很顺利，不然你肯定会遭到打击。心理学上有一个概念叫作"对微小差别的自恋"○。它认为越是相似性高的群体，有时反而越会提出最严厉的批评。你见到过这种情况吗？我们见到过。

换句话说，如果你是营销人员，那最难搞定的恰恰是你部门内部的协同。毕竟，仅仅一个营销部门就有很多不同的角色。实际上，根据公司规模的不同，营销部门可能需要10个人专注于下列不同的业务领域：

▷ 营销运营
▷ 需求挖掘
▷ 客户营销
▷ 区域营销
▷ 合作伙伴营销
▷ 数字营销
▷ 内容营销
▷ 公共关系
▷ 产品营销
▷ 行业营销

当我们的关注点不同时，要保持目标一致是极其困难的。而现在对我们的要求又加了一条：要从ABM的角度来看营销。

○ https://en.wikipedia.org/wiki/Narcissism_of_small_differences.

那么，我们怎样才能先实现营销部门内部的协同，最后实现营销、销售和其他部门之间的协同呢？

你要做的就是让大家的业务目标保持一致。要想使ABM取得成功，就需要从公司的总体目标这一大局着手。

比如说，公司今年的主要目标是在金融服务行业实现20%的营收增长，那就要激励营销部门帮助销售部门完成这20%的增收目标，而营销部门内的每个团队都将在实现总体目标方面发挥不同的作用。

至此，这一级别的目标规划可能和你惯用的方式没有多大区别。但当你开始将这些目标与相应的营销计划和活动联系起来时，ABM和传统营销就大不相同了（见图3-1）。

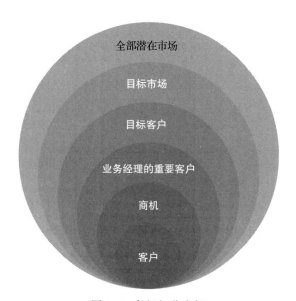

图3-1　各级细分市场

最大的圆圈是**全部潜在市场**，简称TAM（Total Addressable Market）。因为这个市场非常大，所以人们尝试以它为基础来做营销计划。但是，聚焦于 TAM 将会导致转化率过低。

缩小范围的方式之一是把那些你不想与之开展业务的客户排除在外。例如，如果你的公司是 SaaS（软件即服务）类型的企业，你应该知道具备哪些特征的客户在一年内就会流失。将产品越多地售给这样的企业实际上越是赔钱，然后就需要通过加大销量来弥补亏损。

因此，排除这种类型的客户之后，你就会进入下一个级别——**目标市场**。这里的客户不仅符合你的客户特征，还确实是你希望交易的客户。但如果只关注目标市场会有什么问题吗？

那就会出现营销部门多年来一直纠结的问题：没有足够的时间或资源对数量庞大的销售线索进行有效处理。目标市场对销售部门来说还是太大了，他们无法聚焦于这个名单。确实如此，这就像全球海洋里富含 2000 万磅的黄金，就在那里等着被取走。唯一的问题是每次提取的成本远大于可开采的黄金的价值。⊖

如果你花时间仔细研究目标市场，看看哪些是真正值得跟进的客户，你最终会获得**目标客户**。它们就是我们将在第 4 章讨论的编制目标客户名单中的客户，销售部门和营销部门将精力聚焦于这些目标客户，目的是尽可能多地将它们纳入销售漏斗。

但拥有目标客户名单并不意味着客户细分和优先级排序工作的结束。你的业务经理无疑最清楚谁是最有价值的潜在客户，谁拥有最大的营收潜力。这些**业务经理的重要客户**是目标客户名单中的细分群体，相比于名单中的其他客户，它们也许值得给予更多的关注和资源投入。

⊖ https://www.atlasobscura.com/articles/gold-ocean-sea-hoax-science-waterboom-rush-treasure.

当利益相关者目标不一致时

杰西卡要举办一场研讨会,并且要实现相应的销售漏斗目标。她需要和活动策划人员共同努力来实现这一目标。她很快就收到一封来自活动策划人员的电子邮件:"好消息!我们只群发了一个电子邀请邮件,注册参会的人数就已经超过了我们活动席位数的一半。"

杰西卡回复说:"太好了!有多少注册者来自我们的目标客户名单?"接着,等了相当长一段时间,她才收到对方的回复:"哦,我去查一下……"

结果发现,这些注册者基本上都不是目标客户。因此,只发了一封电子邮件,活动甚至都还没开始,杰西卡就已经知道不可能完成这场活动的销售漏斗目标了。

无论采用哪种方法对销售线索进行验证,验证后的销售线索都会进入销售漏斗的**商机**阶段。相应的客户将获得额外的营销支持,以最大限度地将商机转化为公司的营收。

最后,最宝贵的细分部分就是给公司带来营收的**客户**。我们在后面的章节再讨论如何用 ABM 来留住客户并增加客户终身价值。你非常了解你的客户,所以请在营销计划中充分利用手中的信息,使客户保持较高的满意度。

统筹安排客户旅程

我们都知道典型的 B2B 销售周期较长而且比较复杂,如图 3-2 所示。深色方块代表着客户旅程的主要节点,浅色方块则代表我们能够打动客户(也有可能带来相反效果)的其他所有方式。

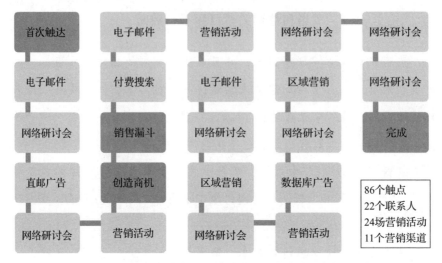

图 3-2 客户触点众多,应该从客户的角度进行协调安排

让客户接触到不同类型的宣传资料或营销活动没有问题,但是如果所有这些触达都不是从买家的角度来安排的,那么客户很快就会感到困惑。这种困惑的心态通常不会促进购买行为,反而会带来延迟("我们必须好好考虑一下"),而延迟往往就意味着销售过程的终止。

为了确保客户旅程遵循清晰的路线,你必须将这些触点连接起来,对营销活动进行统筹安排和整合。如果突然收到一封随机直邮信件,客户会觉得莫名其妙。正确的客户旅程路径应该是:客户在阅读某个主题的电子书后,收到相关内容的邮件,然后接到 SDR 的致电,受邀参加该主题的区域营销活动。这才是可能带来交易的客户旅程。

适应新情况

营销人员必须在 ABM 视角下重新审视营销的传统功能。虽然采用ABM确实意味着营销部门和其他部门都要进行全面的范式转变，但由于职能不同，营销的各个领域会受到不同的影响。

对营销团队的大多数角色都有影响的转变之一就是销售赋能。这是一项非常重要的工作，通常由产品营销团队负责为销售团队撰写介绍材料和竞品分析。现在，营销部门的所有人员都应该肩负销售赋能的职责，因为这与他们的特定角色和所组织的活动息息相关。作为营销人员，如果不让销售团队参与到营销活动中，你怎么能指望他们成功呢？你需要让他们了解活动的目标，以及你对他们的期望是什么，同时也要了解他们对你的期望是什么。你需要为销售人员提供消息范本和行动纲要，便于他们约见客户。你需要让销售人员可以轻松地获取这些信息，还有营销活动所涉及的客户名单，以及哪些客户已经回复参加本次活动，这样销售人员就知道工作的重点在哪里。你还要清楚地将你的长远目标和阶段性目标告诉他们。

接下来看看需求挖掘。长期以来，负责需求挖掘的营销人员自然会很重视挖掘需求的技能。这通常意味着他们会赞助主要的行业活动，从内容聚合供应商那里获得更多的名单，在举办网络研讨会时向那些能带来大量受众的供应商付费。

现在让我们使用之前讨论过的ABM视角：在ABM模式下，负责需求挖掘的营销人员需要掌握的不仅仅是触达大量受众的技能，他们更需要掌握从目标客户名单中挖掘具体需求的技能。

另一个例子是区域营销。传统的区域营销人员擅长将产品或服务呈现在大量当地客户的面前。而在ABM领域，则需要不同的技能。营销人员需要与销售人员合作，从而通过相关度最高的活动，把产品或服务呈现在最有可能购买的受众面前。这也意味着区域营销要采用比以前更加积极主动的方式。

一方面，上面讲的看起来会有效果。另一方面，幸运的是，所有这些专业营销职能与目标客户名单相关度越高，就会越有效，也就越会产生回报。

设定新方向

有一句话可能看起来非常直白，但是像大多数公司一样，你也需要根据它对思维方式进行重大调整。这句话就是：

持续关注目标客户和营收。

这说起来容易，但实际上很难持续实施下去。大多数公司都习惯于关注销售线索的数量。

因此，在做下一年营销巡展活动规划时，旧的习惯就会抬头。

"我知道我们已经在做 ABM 了，但是我觉得我们还是谨慎、稳妥一点为好，继续执行我们一直在做的巡展吧。咱们双管齐下。如果 ABM 呈现出一些好的迹象，我们可以取消那些常规活动。"

对此，正确的回答是："如果我们要在 ABM 方面取得成功，就需要完全专注于目标客户和营收。这是一个鸡和蛋的问题。继续以旧的方式开展业务，只会产生与原来一样的结果，我们想通过 ABM 取得的结果不会自己从天而降。"

当然，在 ABM 试点期间，你仍然会同时采用旧的营销方式和 ABM 试点的方式来做事情。这就是为什么要在一个独立的区域或细分市场试点 ABM 的重要原因，这样你就可以在这里根据 ABM 方法更改营销计划。

CA Technologies（全球领先的IT管理软件和解决方案供应商）在ABM方面取得了成功。该公司的埃里卡·肖特发给我们一张很棒的图片，这张图片形象地描绘了传统营销思维与ABM思维的对比（见图3-3）。

图3-3　传统营销思维与ABM思维的对比

传统营销的方式很像玛格丽塔玻璃杯。这种玻璃杯的顶部非常宽，底部容量相对较小。"继续做巡展"的传统方法会尽可能多地将销售线索引至销售漏斗顶部，但是能在销售漏斗底部完成交易的却很少。

ABM的方式更像香槟长杯。你在销售漏斗顶部放了较少的销售线索，但它们的质量更高。因此，它们向下延伸得更远，从而形成更完整的销售漏斗，在漏斗末端可以获得更多的赢单。

说到销售漏斗末端，ABM对相应的报表也要求保持一致性。首先，要有关于这些目标客户的报表，包括这些客户的具体目标，如图3-4所示。

其次，还要有关于销售漏斗和营收的报表，如图3-5所示。

我们将在第8章详细介绍这些报表。可能还有其他报表可以更好地帮助你所在的组织开展工作。不管怎样，为了与ABM保持一致，这些报表都应该聚焦于目标客户和营收。

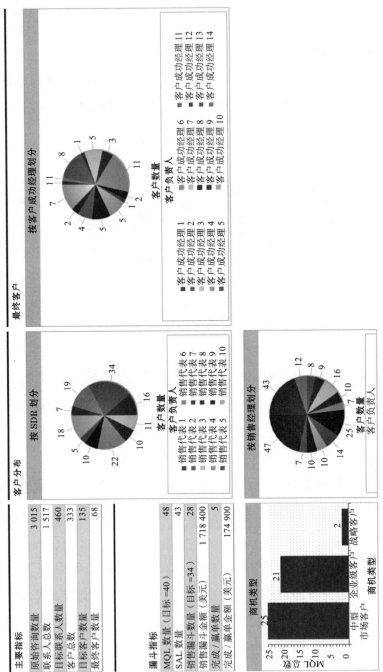

图 3-4 关于目标客户的报表和目标

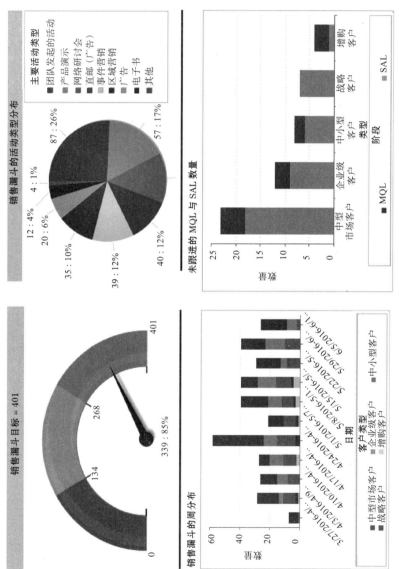

图 3-5 关于销售漏斗/营收的目标和报表

对于 ABM 而言，报表有效的关键在于相关性、透明度和责任制：相关性是指创建的报表要聚焦于目标客户和营收；透明度和责任制是指销售人员和营销人员要共同创建报表，并一起进行总结，共担责任。

~~~

至此，我们已经完成了大量的工作，向各个部门解释了什么是 ABM，获得了大家对试点项目的支持。我们也了解到企业的许多角色和报表内容都需要做相应的调整，以最大限度地提高试点项目的成功率。现在该拟定目标客户名单了，这就是我们将在下一章讨论的主题。

ACCOUNT-BASED MARKETING

第 4 章

目标客户名单

> 目标客户名单是 ABM 战略的核心所在

到目前为止,我们已多次提到目标客户名单,并介绍了它对 ABM 相关工作的重要意义,现在是时候来为我们的试点项目拟定一份目标客户名单了。

在确定这份名单的名称时,需要稍加留意——虽然可以简单明了地命名为"目标客户名单",或者用英文缩写 TAL(Target Account List),不过,这会影响向公司其他人宣传 ABM 项目的效果(要知道宣传是营销人员最拿手的)。

我们已经正式迈出了 ABM 试点项目的第一步,如果一切进展顺利，这个试点项目会成为公司的重大转折点，因此，需要好好"包装"这份名单。这份名单将有助于把销售人员与营销人员团结在一起，在公司形成合力，这份名单将成为新行为的焦点，并且得到各个团队的认同。

在我们 Demandbase 公司，目标客户名单被称为 DB4K，因为目前名单上大约有 4000 个客户。不过考虑到目前你只是要拟定一份包括足够数量客户的名单来进行试点，因此不必一定要出现 4K 这样的数字，比如也可以命名为"黄金客户名单"，或者任何你认为合适的名字。

启动拟定目标客户名单的流程

对于这项流程，我们经过认真考虑后加上了"启动"二字，而不是简单地称之为"拟定名单"，因为那样好像把客户的名称填进名单里，然后再取个文件名就完成了。可以明确的是，你无法在第一次拟定时就得到一份大家都能接受的名单，因此我们说的是"启动"拟定目标客户名单的流程。

确定名单负责人

关键的第一步就是确定这份名单的负责人（可能不止一人，在我们的案例中，销售和营销运营团队各指派一名成员，共同负责这份名单）。名单负责人并不是名单的最终决策者。你要找的这个人最后应该对名单的一切了如指掌，包括这份名单的拟定过程、目标客户的选择标准、在不同系统里存放的具体位置，以及什么时候进行更新等。对于有关这份名单的所有问题，名单负责人都是提供帮助的首要人选，他要负责维护名单，通知名单变更，并管理与该名单相关的指标。

此外，为履行上述工作职责的负责人设置 KPI 也很重要。这是一个试点项目，我们只能在力所能及的范围内挤出资源来进行。如果目标客户名单没有受到重视、不够准确或者沟通出了问题，那么试点项目的相关工作就可能严重受挫。因此，需要为名单负责人制定明确的 KPI，让其承担责任，避免其最终以"不好意思，我的日常工作也很忙"为借口而不真正履行职责。

顺其自然地启动工作

真正重要的是最后拟定出来的目标客户名单，而具体从哪里启动拟定流程其实并不重要，毕竟在拟定目标客户名单时许多人都会发表意见。目标客户名单的最初版本可以由销售部门完成，从你觉得最成功的一两个细分领域开始。如果营销部门里有积极推动项目的人，同时这个人也负责某个细分领域，就可以从营销部门开始拟定工作。还有的企业会选择以 CRM 数据为基础，通过营销、销售和运营部门召开集体会议的形式来完成初拟名单。

随后，如果对试点项目取得的成果感到满意，你可以将 ABM 推广到整个企业，并进一步细化目标客户名单的选择标准，采用基于数据驱动的客户选择方法和工具，通过行为意图数据可以确定理想的客户属性。不过现在，你还是慢慢来，先从初步拟定名单的工作开始。

一般情况下，试点项目应当包括一定数量的客户，数量太少的话不利于呈现效果。请尽量让试点项目覆盖数十个客户，但在这里并不建议一开始就列出一份很长的名单。如果最初就包含几百个客户，反倒过犹不及。

另外需要记住的是，要"以终为始"。你要提前考虑好，从选择目标客户，达成共识，到最后实现你认为成功的试点项目是怎样的过程。同时，还要预想到公司里可能会有一些反对者，他们似乎很热衷于反对新的工作方法。你所在的公司有没有这样的人呢？他们之后可能会对最初的名单提出什么异议呢？会不会因为这份名单在某些方面不具有代表性而否决它？或者认为这份名单是精挑细选出来的，试点肯定会成功，所以不太能真实地反映 ABM 的效果？大家都不希望出问题，所以谨慎考虑试点名单可能存在的明显问题还是有必要的。

接下来，通过销售和营销部门的合作，或者借助技术手段，或者二者兼而有之，你选出了一些客户列入初拟名单。或许你甚至会请不止一位试点项目成员提出他们对初拟名单的建议。拟定名单有不同的思路，如何划分名单中的客户也有不同的方法，如可根据行业、公司规模、地区、产品目标、客户所处的销售阶段等进行划分。

在项目会议开始前，你可以先思考一下人们可能会对名单提出的问题。

这份名单能在多大程度上帮助我们实现营收目标？你希望这份名单看起来不错并且具有代表性，这没问题，你可以列出客户经理已有的一些大客户，但那看起来就是故意挑选那些容易让试点成功的客户。

名单是否与公司的业务目标相吻合？如果你针对某个特定区域拟定了一份目标客户名单，以帮助该区域实现年度营收目标，但公司的业务实际上已经要从该地区转移出去，那么该试点项目即使成功也没有实际意义了。

名单是否反映了公司的战略规划？ 如果反映了，那很好；如果没有，也不影响它是一份好名单。如果可能的话，应该使名单与重点项目保持一致。例如，许多公司在其市场进入计划（go-to-market）中包含了某些垂直领域或行业，那么这些领域或行业通常可以作为拟定目标客户名单的很好的切入点。

这份名单是否受预算的正面或负面的影响？ 换言之，应该了解针对这些客户展开ABM是否会因地理或其他原因而成本过高。同时，要避免对那些没有代表性的客户投入过多预算——否则可能有人会提出之前针对这些客户开展工作的成本比现在低，以此批评试点项目的ROI低。

是否考虑到了市场变化可能导致需要将某客户从名单中移除的情况？ 名单中的某个细分领域可能出现了新的监管举措（比如《通用数据保护条例》（GDPR）），这可能会对该细分领域的销售产生负面影响。如果将重点放在这个领域，将可能导致失败。

销售代表需要掌握哪些信息来确定这些客户是否符合条件？ 销售代表应当做好客户研究并定期与客户沟通。尽管作为营销人员，我们拥有很多客户信息，但我们并不清楚销售代表最近有没有跟客户沟通，或许客户已经告诉销售代表他们刚和我们的竞争对手签了一份三年协议。

销售周期对进入目标客户名单的公司有影响吗？ 这些适合于目标客户的产品或服务可能具有完全不同的销售周期。如果可能，最好选择销售周期相对较短的客户，这样试点项目才能尽快展现成果。

我们是否选择了与某个产品或业务部门有关联的客户作为切入点？ 如果不是，那么可能会增加试点项目的复杂程度。最好能简化工作流程，因为运行试点项目可用的资源有限（甚至需要"借用"资源）。

因此，所选择的目标客户应当具有共同的客户特征，从而避免试点工作面临过多的变量。

将这些公司列入目标客户名单是否考虑了薪酬要素？ 当然，薪酬在任何讨论中都起着关键作用，这里要说的是，客户的选择及其可能给销售代表带来的回报或许会妨碍试点项目，因为人们可能会说："难怪试点项目能成功，看看与这些客户相关的高额回报吧。"

你需要做一些协调平衡工作：一方面希望试点项目获得成功，另一方面要让试点项目具有足够的代表性。这样，当你向整个公司推出ABM时，你就知道到底该如何拟定目标客户名单。根据经验，拟定合适的目标客户名单是决定试点乃至后续整个项目成功的关键因素。因此，值得你花时间去精心拟定名单。

你还要准备好随时修订和放弃不适合的名单版本，这种修订和放弃其实是好事！如果你的试点团队没有积极参与，而且认为这种工作永远不会有任何结果，那么大家在讨论名单时就不会有什么意见，只顾着低头看手机。如果大家能投入进来，支持自己选择的客户进入名单，或者提出拟定名单的具体方法，就应该进一步鼓励大家。

甲骨文公司对ABM的评价

我们跟许多公司一样也进行市场细分，也有着经典的金字塔形客户结构，关键客户在顶端，底部则为规模市场。

我们越来越擅长对金字塔上的客户采取恰当的ABM方式。ABM方式可以很多样，具体看要跟哪些客户打交道。

——目标客户营销与关键客户营销高级总监
甲骨文欧洲、中东和非洲地区营销部

确保决策者暂时达成一致

到这一步为止,可能还只有试点项目团队看过这份名单。现在该让高管团队和其他人参与进来了。

之所以说"暂时"达成一致,因为这是一个迭代的过程:一些决策者可能不愿意在掌握所有情况之前就同意该名单。如果遇到这种抵触,可以先就该名单达成原则性一致,并同意在其他因素明确后再修订,这样就能达成最终共识。

需要注意的是,不要以为把这份目标客户名单以电子邮件的形式群发给大家,大家就能主动回复。过去的教训告诉我们,只有尽可能地让更多的人亲自参与,或者通过电话沟通,才能提高大家的参与度并得到反馈。肯定会有人问这份名单是怎么拟定出来的,为什么有的客户包括进来了,有的没有包括进来,或其他诸如此类的问题。要尽可能地召集大家直接沟通,或者通过电话沟通,而不要让有疑问的人自己互相讨论、妄下结论。要告诉大家,这份名单不是随便拼凑出来的,而是采用了条理清晰的科学方法。这时,你可以就此前考虑过的所有问题进行说明,包括你如何审核名单,如何尽可能地优化名单等。

当然,也要告诉大家这份名单不是完美的,没有一份名单能达到完美。事实上,只要满足本章所描述的有关标准,可能有多个版本的名单都适用于试点项目。所以,你需要做的是,询问大家是否有需要调整的地方,并欢迎大家一起改进这份名单。这样做有助于"软化"对方的立场,否则人们可能会有更多的批评意见。

在得到管理团队的反馈后,要跟与试点项目有关的所有人分享该名单。如有疑问,则应尽可能多地让人们参与进来。这样有助于避免因把某人排除在外而导致其成为潜在的批评者。当然，批评者还是会有的，但上述步骤有助于最大限度地减少批评者的数量。

定期更新目标客户名单

尽管试点项目还没有全面展开，但为了使目标客户名单尽可能地保持明确，名单负责人要开始发挥作用了。人们会密切关注这份名单，而你当然不希望试点项目出现任何纰漏。从经验来说，应该承认，每个组织中都会有不少个性强硬的人，要考虑好如何应对他们，哪怕这看起来可能有点小题大做。

每个季度都要根据实际情况对这份名单进行微调，比如：由于销售人员负责的区域发生调整或新销售人员入职而增加或删除某些客户，当然更好的情况是因某些客户已经完成交易，而将其从名单中删除。

此外，为了配合公司的整体目标，每年可能会对目标客户名单进行重大调整。公司可能面向新的行业或细分领域推出新的产品，可能将产品定位向高端市场或者低端市场转移，也可能你们增加了一个战略客户团队，需要营销部门的大力支持，这些都要反映在目标客户名单中。

从一定程度上来说，试点项目的流程并不只是用来验证概念的，也是为了让流程有效落地。其中，最重要的步骤就是让目标客户名单始终保持更新状态，并定期与所有试点项目参与者沟通名单的变更。

开始将目标客户名单嵌入系统

当你已制定好目标客户名单，利用现有技术使其具有可操作性就显得至关重要。

目标客户名单会对营销自动化系统和 CRM 系统产生重要影响。这些系统可能是你进行内部沟通的一线系统，因而对目标客户在这些系统中进行相应的标识也至关重要。

接下来，就需要兼顾销售线索的分配流程了：哪些销售代表将负责跟踪目标客户。对于销售线索评分也一样：如果你有销售线索的评分系统，应优先将目标客户因素考虑进去。试点项目将帮助你确定适当的目标客户因素权重。

接下来该看看你的报表系统了。在第 3 章中，我们给出了一些可供参考的报表示例。既然现在有了目标客户名单，那么负责试点的团队应该为销售、营销和其他部门导出所有的相关报表，以跟踪目标客户成交的比例。

就试点项目而言，与上述特定客户没有关系的报告就不用管了，比如那些与目标客户没有交集的产品或地区的报告。对于其余的报告，要确保它们对目标客户和非目标客户的不同结果进行了比对分析。

请记住，在试点项目启动时，必须定下能衡量试点项目成果的基准线。因此，在开展与试点项目相关的各项活动时，一定要记得收集对应日期的所有报告数据。

再说一下报告制作：采用这种对目标客户与非目标客户进行对比分析的新方法，将得到一系列有价值的思考。例如，在跳出率与页面停留时间参数方面，目标客户与非目标客户之间有什么差别？在报名参加网络研讨会或下载白皮书的数量方面，目标客户和非目标客户之间有什么差别？你会从中受到启发。

推送营销（Outbound）和集客营销（Inbound）的比较

在前面已讨论过这个问题，但我们还是希望在这里重申一下：在试点项目中，你将遇到各种反对的声音，以及对非目标客户及其带来的营收的疑问，你可以参考以下方式予以回应。

疑问：我不太确信 ABM 的效果，因为我真的需要来自非目标客户的营收。

回答：你还能获得来自非目标客户的营收。尽管重点关注的将是目标客户，但公司的集客营销活动仍然会带来目标客户名单之外的营收。

疑问：是不是说，如果最终整个公司都要转向 ABM，那么所有的营收都要来自范围更小的客户名单？我不在乎这个名单有多好，因为我认为，名单上的目标客户所能带来的营收，不能弥补在所有非目标客户上的营收损失。

回答：可以明确的是，你仍然可以通过集客营销活动从非目标客户那里获得营收。我们现在刚开始做 ABM 试点，而且试点流程的一部分就是评估对目标客户采用 ABM 能否提高 ROI。如果试点结果显示我们的赢单率有所提高，平均交易规模有所增加，销售漏斗的速度有所加快，那就证明目标客户完全有可能带来更多的营收。让我们一起来找出答案吧。

对目标客户进行细分

即便你现在只是在做 ABM 试点，也还是可以把目标客户名单中的客户细分成不同的类型。但是要注意，细分成两到三类可能是最好的。如果还没有对它们进行细分，那么最好现在就进行调整，然后从这些细分群体着手，进行优先级排序，以便采取有针对性的营销举措（见图 4-1）。

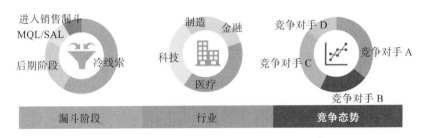

图 4-1　你选择的细分领域必须有独立的业务目标，
这样营销团队才能制订相应的计划予以支持

具有较高优先级的细分群体的规模应当比较小，并且能为公司带来更高的潜在价值。因此，应当为这些客户投入更多的资源以赢得业务。优先级较低的细分群体也会获得一定的资源投入和关注度，但相对会低一些。优先级排序最低的细分群体只能获得很有限的资源，只比广撒网策略下的客户投入稍微多一些。

这时，人们通常会提出这样的问题："等一下，我还以为在拟定目标客户名单时就已经过滤掉了所有的低级别客户。现在又说不要太关注那些'优先级最低的目标客户'，这让我有点糊涂了。"

这个问题问得很有道理，现在来解释一下。首先，拟定目标客户名单并不只是精挑细选出企业最重要的客户，毕竟那类客户名单你的客户经理其实早就有了。相反，除了已知的高价值客户，目标客户名单还应该包含那些从未获得足够重视的客户。如果你能重视这些客户那就太好了。这些客户可能位于公司刚开始关注的新领域，也可能是那些内部决策过程非常复杂而一直没有成交的潜在大客户。

其次，要记住"相对性"非常重要。简单来说，你把客户分为了目标客户和非目标客户，然后要注意，这些目标客户其实还可以进一步区别和细分，因为目标客户名单并不是一个完全的整体，每个客户都有其独特性。

在目标客户名单中，有一些优先级较低的客户可能更适合采用一对少或一对多的营销方式。在这种情况下，它们所需要的资源相对较少，但仍然有较好的营收潜力。

因此，在目标客户名单中，对不同细分群体进行优先级排序需要考虑以下因素。

▷ 该类客户具备带来营收的潜力如何
▷ 该类客户在多大程度上能为你吸引其他的类似客户
▷ 根据如下因素判断该类客户的购买倾向：当前业务关系或个人关系、客户满意度评分、对竞争性或配套性产品或解决方案的投资积极性、此前销售周期成功或失败的比率
▷ 当前销售团队对该类客户的个性化关注如何

在第 2 章中，我们讨论了公司的营销组合将在 ABM 环境中发生改变，有些营销方法需要进行修改或撤销，还有的则应获得更多的关注和更多的资源分配。现在你已经有了目标客户名单，那就可以进一步分析：先了解目标客户的优先级，然后开始考虑针对目标客户名单中的每个细分群体采用什么样的营销方法，并寻找恰当的时机。

你的工作跟精密的瑞士手表不同，不需要费尽心力地确保某个齿

轮在准确的位置。相反，你的工作需要大量复杂的活动零件来协作完成，这些零件包括目标客户、细分群体、行业、工具，以及最为复杂的——人。

因此，你无法做出完美的规划。这没关系。通过协调公司里的不同团队，结合目标客户名单以及销售和营销方法，将极大地增加通过这种努力获得更多营收的机会。

设定目标

当目标客户被划分成不同的细分群体之后，就需要为这些细分群体设定长期目标和阶段性目标。下面就是一些非常好的阶段性目标示例。

▷ 将处于销售后期阶段的目标客户的漏斗速度提高 15%
▷ 将特定行业的营收提高 10%
▷ 从竞争对手处赢得至少三个目标客户

在有限的试点范围内，细分群体的目标也需要相应地进行校正。可能只有在这个阶段，你才会决定从目标客户名单中调出部分客户，如果这样做能使目标更加清晰，那这就是个非常好的迭代过程。特别是在第一次拟定目标客户名单时，应该对需要调整的情况有所预见并允许修改，因为大家都在适应这个新流程。

扩大目标客户名单

如果试点项目非常成功，肯定会扩增目标客户名单，推广 ABM

的应用范围。但如果还在试点期间，扩增目标客户名单可行吗？

试点阶段

在适当的情况下，谨慎地增加目标客户是可以的。如果早在拟定第一份目标客户名单时，你就意识到扩增一些客户更合理，那这个扩增就顺理成章。例如，将整个区域的客户列入目标客户名单，而不是只包含一小部分。需要警惕的是，不要因对 ABM 一时的热情而扩增目标客户名单，这样可能会导致名单过长，使试点项目超出了现有资源的承受度。

假如试点项目情况不错，一切进展顺利，人们纷纷表态提出想扩大试点，这时候不要随便扩增目标客户名单。增加目标客户除了会造成资源超支以外，还会造成试点运行效果检验方面的问题：如果中途增加目标客户，那么就不能在目标客户与非目标客户之间做同等量级的比较。那些刚刚添加进来的目标客户与原来名单上的目标客户在销售周期中所处的阶段不同，这样就会扰乱数据。所以，记得别这样做。

执行阶段：扩增目标客户名单的方法

在完成了 ABM 试点项目，寻求扩增目标客户名单的时候，对概念验证（POC）方面的要求可能没有那么多，但仍然需要注意等量比较问题。

当你准备好扩大名单范围时，会有几个不同的选择。一个是横向扩展，可以将新的业务单元、其他产品线、不同团队或细分客户群囊括进来。

另一个选择是纵向扩展，深入客户的细分领域，在已经取得成功的细分群体中进一步进行扩展。首先在原有的目标客户名单上删去已经成功销售的目标客户，随着你对这些细分领域的认识的不断深入，现在可以加入其他目标客户了。

在 Demandbase 公司，我们通过识别最优质客户的某些共同点，拟定了第一份完整的目标客户名单。随后，我们找出了更多具有相同特征的公司。这个名单包括大约 1500 个客户，由 12 位销售代表负责。

接下来的那年，我们的销售团队发展壮大了，营收目标也相应调高，所以正好是扩增目标客户名单的好时机。我们采用了一个预测分析工具，它可以帮助我们识别新一批最合适的客户，好将它们添加到目标客户名单中。我们不希望因为名单的扩增而弱化 ABM 战略所取得的成功，因而需要更多的数据以确保名单的完整性。该工具充分利用了数据库中与这些客户相关的 CRM 数据。在随后生成的名单中，目标客户的数量几乎是之前的两倍，能够与我们销售团队的大幅增长相适应。

还有第三个选择，那就是基于客户意图进行扩展。这种方法更加复杂，它将理想客户的属性与从互联网采集的意图数据和一手数据（即直接收集到的数据）结合在一起。这种方法能识别出值得跟进的新客户，以及其中最可能成为买家的客户。此外，你也可以按客户的购买倾向为其排序。

一般情况下，我们看到企业在搭建 ABM 系统时，最初主要使用近似法。然后，当它们对 ABM 的应用更加得心应手、更加积极主动时，就是采用预测法的最佳时机。在第 11 章中，我们将探讨如何综合使用近似法、预测法和基于客户意图等各种方法,来确定理想的目标客户名单。

目标客户名单上的客户数量最终以多少为宜

与许多非常好的问题一样,有时候唯一准确的答案就是"看情况",因为企业之间的业务差别巨大。但是,请注意以下几点。

先考虑一下潜在市场总量有多大,接着按照客户实际上已经准备购买并且没受其他合同限制或因其他情况而不能购买的标准,对客户名单进行过滤。

随后,需要考虑销售周期的长度。周期越长,每位销售代表负责的客户数量就越少。因为销售代表必须在漫长的客户旅程中跟进其目标客户,这需要他们付出更多的时间和精力。

当然,你还必须考虑销售团队的规模。如果你只有20位销售代表,而目标客户名单包含了2万个客户,那么每位销售代表要处理的客户数量就过多了。

最后,需要考虑赢单率。赢单率越高,每位销售代表所需跟进的客户数就越少。如果赢单率非常低,销售代表则需要跟进更多的客户才能达成营收目标。

我们开发了一个模型,能帮你找到影响目标客户名单规模的主要因素(见表4-1),你可以将其应用于业务之中,从而确定你的名单以多少为宜。

如果你希望获得该模型的Microsoft Excel版本,请通过ABMbook@demandbase.com联系我们,我们将非常高兴为你提供这个模型。

表 4-1 影响确定目标客户名单规模的主要因素

	中型市场		企业级市场	
	产品 1	产品 2	产品 1	产品 2
每位销售代表的年度任务额	700 000	300 000	1 200 000	800 000
来自目标客户的任务额占比	0.75	0.75	0.75	0.75
平均交易规模	95 000	65 000	175 000	145 000
来自目标客户的赢单数/销售代表	5.5	3.5	5.1	4.1
赢单率	0.2	0.25	0.20	0.30
需要的销售漏斗商机总数	27.6	13.8	25.7	13.8
目标客户到销售漏斗的转化率	0.30	0.30	0.35	0.35
需要的目标客户总数	92.1	46.2	73.5	39.4
目标客户总数/销售代表	138.3		112.9	
销售代表总数	12		15	
需要的目标客户总数	1659		1693	
目标客户总数（中型市场与企业级市场）	3352			

现有客户、合作伙伴和目标客户名单

我们用大量篇幅讨论了如何将潜在客户纳入目标客户名单。但是，现有客户及合作伙伴也应该是确定目标客户名单时应重点考虑的两个对象，尤其是在完成试点项目、寻求扩增名单的时候（见图 4-2）。

在后续的章节中，我们会介绍如何根据不同潜在目标客户所在的垂直市场及其他特征调整传播的内容。现在，我们来讨论如何运用 ABM 来更有效地向现有客户和潜在客户进行营销。

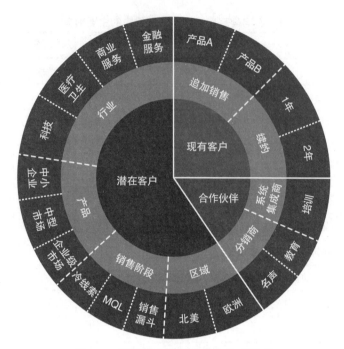

图 4-2 目标客户名单的最终构成元素

ABM 如何帮助你向现有客户进行营销

对于很多新成立或者高成长性的公司来说，ABM 工作的重点是在净增的潜在客户中产生新业务。但是，对于许多公司——尤其是那些已经拥有大量客户群体的公司来说，其大部分营收将来自留住客户并向它们追加销售。在采用 Demandbase 技术的公司中，一些目标客户名单是由潜在客户和现有客户共同组成的。

好消息是，针对现有客户进行营销，成功的概率会更高。原因在于针对潜在客户进行营销需要进行大量的假设，但是，现有客户就不一样了，你非常了解它们——它们购买过什么，续约周期多长；客户经理定期也会与客户沟通，了解它们的具体业务难题；等等。这就意味着你对公司接下来应该向它们销售哪些产品或服务有着非常清晰的认识。

因此，这样就可以非常容易地对现有客户进行细分，并确保在恰当的时机将合适的信息呈现在客户面前。

但是要注意：即使你已掌握了所有这些信息，也不要在客户刚签完合同的第二天就试图向它们推销下一款合适的产品，而是应该让它们使用刚刚购买的产品，并且感到满意。此外，确保客户能获得所购产品或服务的支持，助力它们的成功之路。这样，它们就会主动询问你还有什么可提供的，而不会感觉置身于一个反复被推销的循环中。

因此，在完成最近一次销售后，应立即专注于提供支持与教育培训。让负责该客户的团队与客户保持密切联系，了解客户的情况与需求。然后，当客户向你伸出续约或追加采购的"橄榄枝"时，调整你的针对性营销方案，开始讨论适合这个客户的下一款产品。这将帮助你的客户团队成功完成追加销售（upsell）。

通过 ABM 帮助合作伙伴实现营销转型

合作伙伴营销也被叫作渠道营销、渠道销售或战略联盟。无论其名称如何，这一直都是一个既蕴含巨大机遇也暗含巨大挑战的领域。

首先是机遇。如果你们与另一家公司具有互补的产品和服务，且双方都服务于 B2B 市场，则有望形成双赢的局面。例如，你们可以联合开展营销活动，双方分别邀请客户，并共同分担活动成本。这样不仅可以减少各自单独开展整个活动所承担的压力，而且还意味着双方都能从对方的客户名单中发掘新的客户，让双方都有机会把握全新的营销机遇。

其次是挑战。通常，合作伙伴营销的ROI很难被量化和证明。如果两家公司均只看重销售线索的数量，那么这种模式中固有的问题只会加剧。如果某家公司内部的营销和销售团队都无法进行有效沟通，那么在两家公司间协调营销和销售团队只会增加混乱的可能性。当然，即便在这种情况下，我们也能从联合举办的活动中收获一些业务，但更多要靠运气。

另外，假设我们想要举办一场VIP晚宴，如果没有明确的目标客户名单，两家公司就有可能邀请任何人员参加该宴会，以兑现它们邀请一半参会者的承诺。这有时就会造成没有需求的客户派出公司基层人员来参加活动——他们的想法是："太好了，有高级餐厅的免费大餐？我参加！"这对两家公司的ROI来说没有什么益处。

ABM能给合作伙伴营销带来的好处是，如果你发现ABM能帮助贵公司在内部实现业务聚焦，那么只要按照同样的原则，ABM也能从营销和销售的角度，帮助你在合作伙伴关系方面形成类似的聚焦。

我们在前面提到过，合作伙伴邀请过来参加活动的客户人员有可能并不理想，但如果合作双方能为活动拟定一份共同的目标客户名单，名单上的客户对这两家公司都感兴趣，就可以有效地避免上述问题的发生。如果其中的部分客户是合作伙伴之一的现有客户，还能顺势介绍给对方。采用ABM方法组织活动，能邀请到对双方都有价值的客户人员参与活动——否则这种情形很难发生。

但是，如果其中一家公司采用ABM，而另一家没有呢？根据我们的经验，在合作伙伴营销中，总有一家公司会成为牵头者。如果跟随者使用ABM，而牵头者没有使用，问题会比较大。但如果牵头者使用

ABM，那么 ABM 就能发挥很好的作用。牵头者制订出共同拟定目标客户名单的计划，规定营销组合的构成、营销活动的详细内容等，再由跟随者进行补充。

针对共同创建的目标客户名单进行联合营销活动，还有一个隐含的好处——通常，这两家公司在其 CRM 系统里可能会有相同的客户，但是各自的联系人可能不一样，通过联合营销则可以发现之前不知道的其他决策者。

此外，根据经验，我们建议拟邀请的目标客户数量是活动实际规模的 3 倍。

在采用 ABM 之后，提供 ROI 数据就变得轻松许多。因为你可以明确地说："我们已找出与另一家公司合作开发的 30 个客户，其中 55% 的客户进入了销售漏斗，最后 48% 的客户达成了交易。"ABM 可以非常明晰地展示其对业务的实际影响。

30-60-90 天计划

我们已经谈论了大量有关 ABM 的内容，但具体到在什么时间该做什么事情的时候还是会感到困惑。因此，需要了解试点项目在前 30 天、前 60 天和前 90 天应该完成的工作（见表 4-2）。

前 30 天

如果你已经按照本书介绍的步骤操作，那么恭喜你已经在顺利达成前 30 天阶段性目标的途中了。

此时，你已清楚试点团队中的项目推动者和其他成员，获得了开展试点所需的资源并拟定了目标客户名单。你还分别与团队成员面谈并组织召开过几次集体会议。

你已经设定了包括平均交易规模、销售漏斗速度和赢单率在内的基准指标，也确定了目标客户名单互动率、渗透率和销售漏斗转化率等中间指标，方便以后对试点项目进行评估。

表 4-2　ABM 试点前 90 天销售与营销的协同工作

	前 30 天	前 60 天	前 90 天
统一思想	找出项目的推动者，在业务的战略目标上达成一致	确定成功的 ABM 计划所需要的角色和职责	与受影响的销售和营销团队沟通
目标客户名单	确定重点领域 • 名单应该包括多少客户 • 可以在这里投入多少营销资源	确定目标客户细分策略 • 每个细分群体的业务目标是什么	确定评估/迭代目标客户名单的频率
规划/总结节奏	与 ABM 领导团队召开启动会议	定期召开会议	与营销部门共同构思实现这些目标的计划
设定核心目标	设定当前的基准指标 • 平均交易规模 • 销售漏斗速度 • 赢单率	确定用 ABM 战略改进的目标	与所有人交流并推广这一项目

前 60 天

在此期间，你将继续细化岗位和职责，并将重点完善目标客户名单的群体细分，并根据这些细分群体来调整营销组合。你还要开始为改进 ABM 在公司中的运作方式设定目标。

前 90 天

到这个阶段，公司里的人可能或多或少都听说过 ABM，当然销售团队与营销团队已经看到 ABM 概念是如何在它们的工作中运行的了，或已简单了解了试点项目的进展情况。

这时你也会开始思考试点结束后的工作,以及如何规划更大规模的 ABM 推广。如果看到这里你觉得"我们公司不可能动作这么快",那么不要惊慌,不要机械地按天来打算,而是要按第一阶段、第二阶段、第三阶段来规划。但不要让这些阶段没有时间限制:如果预期每个阶段的时间会超过 30 天,那么从一开始就要规划好每个阶段的时长。否则,试点项目就可能在某个阶段拖得太久,进而丧失动力,甚至宣告彻底失败。

~~~

到这个时候,你已经完成了大量工作。你不仅说服了相关方接受你的试点想法,组织起团队开展试点项目,还完成了拟定和优化目标客户名单的艰巨任务。

不过即便如此,还不算完全准备好了为试点项目全力以赴。我们之前已提到过 ABM 的衡量方法,下一章将会讲解详细的目标、衡量标准和报表设置。

ACCOUNT-BASED MARKETING

第 5 章

吸引目标客户

如何利用 ABM 提高吸引客户的能力

现在我们已经有了目标客户名单,也就是说已经搭建起 ABM 六大支柱中的第一支柱——"识别目标客户"。接下来要做的工作,就是以精心设计的营销方式针对目标客户进行最有效的营销。

吸引目标客户的过程是一个既有科学设计又有艺术处理的过程。这主要是客户需求挖掘团队的工作,需要通过多种方法抓住目标客户的注意力。由于需要跟进的是非常具体的客户,ABM 可以帮助需求挖掘团队做到更明智地使用费用。

有些营销手段是通过线上和数字化的方式实现的,有些则是在线下完成的，无须太多技术支撑。无论哪种方式，只要执行得当，都能收到好的效果。在本章中，我们将会看到多种实现方式，并了解如何与 ABM 协同配合，利用好这些方式实现最佳效果。

营销自动化系统

在了解 ABM 之前，你很可能已经在使用营销自动化系统了。营销自动化系统是维护营销数据库，发布和管理电子邮件活动，并可对营销活动效果进行分析的工具。一些营销自动化系统已经非常成熟，可以通过形象的拖放功能来设计多种营销活动。

你可以拥有一个非常先进的营销自动化系统，它是一个技术平台，但是如果这个系统不能与 ABM 战略相匹配，所带来的回报将会非常有限。如果只是用"数量至上"的传统思维，广撒网地进行营销，那在我们看来，这是在以自动化的方式做错误的事情——所做的事情只是效率高，却没有效果。

ABM 能让你对所关注的客户高度聚焦。它也确立了一定的原理与做法，使得销售部门能与营销部门和公司其他部门协调一致。最重要的是，如果 ABM 实施得当，可以让这些部门都从客户和营收的角度看问题。

基于目标客户的广告

我们遇到的每家公司几乎都会提到自身在销售漏斗顶部遇到的挑战。换句话说，它们吸引不到足够多的潜在客户进行互动。这就可以解释为什么投放广告成为公司最常用的策略之一。但传统广告营销总是面临着同样的挑战，正如在 19 世纪晚期缔造了百货帝国的约翰·沃纳梅克（John Wanamaker）所言："我知道在广告上的投资有一半是无用的，但问题是我不知道是哪一半。"⊖ 如果沃纳梅克先生今天还健在，并采用基于目标客户的广告方式，就会发现他所有的广告投资都发挥了作用。

基于目标客户的广告（Account-Based Advertising），可以实现对不同类型的受众投放有针对性的广告信息，你可以做到以下几项。

▷ 向来自目标公司的任何对象投放广告
▷ 将广告定向投放至可能供职于目标公司采购委员会的相关人员处
▷ 可针对个体进行广告投放

以上讨论的是广告的受众，至于广告内容本身，也可以根据需要进行调整。我们可以根据诸如公司名称、行业、地点、相关产品、案例研究或者行为倡议等任何有关某客户的已知属性，确定所要投放的广告内容。

只有这种个性化的广告内容，才能在笼统的甚至与受众毫不相干的信息中脱颖而出。

在实施基于目标客户的广告投放过程中，不要惊讶于单个广告付费成本的上升，事实上，总预算会下降，因为你的费用都花在目标客户身上——企业不再需要为目标客户名单之外的展现支付广告费用。

基于目标客户的广告经济学

对比传统的数字广告，让我们来看看基于目标客户的广告经济学。

⊖ https://en.wikipedia.org/wiki/John_Wanamaker.

在传统的模式下，你会从发行商处或者通过公开交易平台来购买广告服务。假设你每季度的广告投放费用是5万美元，那么全年就是20万美元。这些资金投入带来了1700万个展现量，其中的某一部分会触达你的目标客户——这里面约有15%的展现量可以带来与目标客户的互动。

在基于目标客户的广告模式下，你可以针对特定公司进行全网广告投放。假设每季度你将花费大约3万美元，即全年12万美元，可以带来大约800万个展现量。但是，所有这些展现量都是针对目标客户的。

后者具有一个很大的亮点：目标客户互动率达到了25%，并且是在较少展现量的情况下实现的。图5-1总结了在费用下降的同时，目标客户互动率提升的情况。当然，这些数据并非我们随意预估的，而是企业通过ABM所取得的真实成果。

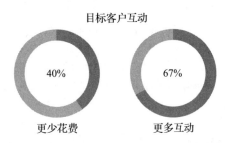

图5-1　基于目标客户的广告投放对数字广告预算产生的影响

在Demandbase公司，我们相信自我验证。换句话说，我们通过自身实践来验证假设。常识往往非常有用，但如果可能的话，通过数据验证结果会更好。

在其中的一个验证中，我们的假设是："收到我们广告的客户只是增加了对Demandbase的了解，而那些收到广告并与我们在网站发生互动的客户,才更有可能进入我们的销售漏斗。"

于是我们设计了一个实验来验证这一假设。我们拿出目标客户名单,在两个季度的评估期内向名单上的目标客户投放个性化广告,目的是让它们与我们的网站产生互动,互动形式既可以是点击广告,也可以是在浏览器中输入我们的网址。

图 5-2 展示了我们所投放的不同广告。

图 5-2　我们运用多种个性化广告吸引目标客户进行互动

我们的衡量指标是销售商机转化率。在投放这类广告之前,我们先设定了一个目标客户与网站的互动率基准线,然后开始投放广告。

我们发现这次广告活动的结果是:相对于互动率未超过基准线的客户,因为广告而与我们的网站产生更多互动的客户,其销售商机转化率提高了 60%。

你可能会想:这没什么大不了的。广告投放之后,互动更多的客户自然更可能转化为销售机会。他们明显是活跃客户。

但是,上述尝试中很精彩的部分是:ABM 以及目标客户广告,可以让我们识别出那些通过广告在网站产生互动的目标客户。而在此之前,这是不可能实现的,除非那些访客填写了表单。现在,我们可以监测到这些特定客户的互动行为,并且专门针对它们开展营销活动。通过销售商机转化率提高了 60% 这一指标,我们发现这些发生特定互动的客户,是最容易达成交易的客户。

Demandbase 面向的客户是各公司的营销部门，所以 cmo.com 这样的网站似乎是一个非常适合投放广告的地方。虽然我们通过该网站能够触达一些副总裁和首席营销官这样的营销高管，但是该网站上 95% 的访问者不在我们的目标客户名单上。换句话说，我们在这家网站上浪费了 95% 的广告资源。（其他公司可能只浪费了 15% 的资源，这取决于其目标客户名单和其他因素。）基于这种情况，我们决定使用自己的目标客户定位解决方案 ABM 平台，并将广告有针对性地向目标客户名单中的客户进行投放。通过这一举措，我们实现了零浪费的广告策略。

你可能会想："为何互动率是比常用的点击率（CTR）更好的衡量指标？"的确，很多买家会在某些时候点击广告，所以追踪点击并非无用。特别是在短期内，点击率可以被视为互动程度的方向性指标。然而，在判断哪个广告更有效时，CTR 并不是非常有用，因为用它分析不出谁更喜欢哪一个广告。

相反，当我们将 ABM 与企业网站分析工具相结合时，就可以在访问者没有留下点击记录的情况下，观察到他们的行为和互动情况，还能知道这些行为中有多少来自目标客户。

你的初期任务之一，是探索基于目标客户的广告投放带来的所有可能性。第一步，要了解哪些目标客户近期与你进行了互动——它们的人访问你的网站了吗？还是在通过其他方式进行互动？

下一步，基于这些信息，可以设计出一系列方案，以吸引那些近来没有与你进行互动的目标客户。在进行 ABM 试点期间，你也许还没有太多的 ABM 技术工具可以利用，但是依然可以取得一些进展。比如，你可以手动定制直邮广告。让我们再回头看看图 5-1，你可能会掌握一些目标客户的信息，能够按照特定产品、目标公司规模，或者诸如地理位置等客户属性进行个性化定制。你还可以针对目标客户调整区域营销和市场活动策略，以使其发挥最大的作用，这一点我们将在本章后面的部分进行讨论。

你可以手动完成这项工作，虽然这只是个试点，但你可以试点数据为根基，为 ABM 打下坚实的基础。顺着这条路，未来你可以构建一个流程自动化平台，它可以赋予你更多能力。

案例：Progress 公司

Progress 是一家为客户提供应用平台解决方案的公司，能够以快速和便利的方式提供应用程序的搭建与部署。该公司为超过 14 万家企业提供一系列的服务，其客户包括如可口可乐和丰田这样的企业。

为了提升新品牌的知名度，并将自己定位为业界的"思想领袖"，Progress 公司原计划实施一项传统的线上广告推广活动。虽然这一活动完成得相当好，但 Progress 公司发现其目标客户名单中某一特定类型的企业并未对其广告产生反应。为了解决这一问题，公司决定尝试采用 ABM，并从一个试点项目开始。

针对这一次 ABM 试点，Progress 公司设定了三个目标。

▷ 在有限的预算下，大规模吸引真正的目标客户
▷ 尽管对大部分网站访问者的情况不太清楚，也能与他们进行互动
▷ 加速转化潜在客户，产生营收

为了验证这一模式，Progress 公司选择其业务的一个主要行业——

消费品行业进行测试。公司在该行业选择了大约200家目标企业。然后，对广告、相应的落地页和网站主页上的信息进行了个性化调整，直接面向消费品行业的客户。

Progress公司的项目团队针对目标客户的特点对网页的多个方面进行了个性化定制。他们的定制化工作主要集中在网站的横幅主题图片、标题、广告正文和客户案例展示上，其目标是让用户更加深入地浏览该网站，因此所选择的衡量指标是"下一页点击量"。

对于特定网页，其他个性化措施包括根据访问者所属的行业展示相关的成功案例和信息。同时，还可以对产品页上的解决方案进行优化，让其与访问者所在的行业相关度最大。在这些页面上，Progress公司通过每个用户的会话网页数量和退出率指标来评估访问者的互动程度。

Progress公司还会关注实时对话和表单。当一个来自目标客户的对话用户被识别出来时，Progress公司会为其客户经理发送一条定制化的信息，并附上客户的照片和联系方式。

ABM也提升了表单的质量。通过Demandbase的ABM客户识别解决方案，许多目标客户的相关信息为已知状态，Progress公司可以大量减少让客户在表单中填写的字段信息。在某些情况下，Progress公司的工作人员甚至直接在表单里预填相关的信息。

这使得Progress公司从大幅提升的目标客户关注度、互动率和转化率中直接获益。

什么是重定向广告

近年来，重定向广告在B2C领域非常受欢迎。在这种方式下，如果广告主发现消费者搜索了"巴巴多斯（Barbados）的宾馆",那么当消费者访问一个新闻网站、博客或者其他网站的时候,他都会看到关于巴巴多斯当地宾馆的广告。此举的目的是在消费者心中强化他所搜索的内容,直到触发他的行为——预订房间。

在 B2C 领域,这也许是可行的。但是,对于 B2B 行业,如果不通过 ABM 进行调整,这会是效率低下且成本高昂的一种营销方式。造成这一结果的原因如下。

大部分 B2B 网站的访问量巨大且来源众多,大多数访问者并不是来自可能会进行采购的公司。来自目标客户公司的流量非常有限,通常会少于 15%。此外,有些访问者就是本公司的员工和供应商。如果还是采用传统的粗放式展示广告去重定向这些人群,会浪费掉大部分重定向广告预算。

为了确保在 B2B 领域的效果,重定向广告必须基于目标客户。这意味着 B2B 领域的重定向广告应该只面向来自目标客户名单的受众进行展示。

图 5-3 向我们展示了基于 ABM 重定向广告的好处。

监测潜在客户　　捕捉活跃的购买信号　　找出互动度高的客户　　通过个性化广告重定向参与过互动的客户

图 5-3　一种浪费少、更有效的重定向广告方法

B2B 领域的另外一个特点就是购买流程较长,目标客户的人员很可能几周,甚至几个月,都不会在你的网站上有任何动作。等到他们

浏览网页的时候，我们可能只有很短的时间去影响他们的决策。

当目标客户的人员浏览你的网页时，你可以基于其行为来辨别不同的采购信号，然后向他们展示相关的信息。同时，你还可以针对来自目标客户的决策人群启动重定向广告。这能让你将重定向广告的预算用于目标客户，而定制化的信息能让目标客户更快地进行转化。

小案例：DocuSign 公司

当你在进行房地产交易或者在线填写协议的时候，你也许会用到 DocuSign 的产品。它是电子签名交易管理领域的领军企业。

尽管其最终用户是个人，但它的业务属于 B2B 领域：它与大型企业达成协议，而这些企业通常都有成千上万份合同和协议需要进行电子签署。

DocuSign 对 ABM 感兴趣，希望为其目标客户中的细分群体提供个性化的数字体验。

DocuSign 的目标客户集中在 6 个行业，它希望在目标客户的整个生命周期里都能提供个性化的广告。借助 ABM，DocuSign 面向这 6 个行业发布了针对每个目标客户的不同的线上营销活动。这些活动通过个性化定向广告组合，将目标客户的相关人员引导到网站，让他们浏览专门为其定制的内容。

这一个性化推广最终带来了如下成果。

▷ 网站跳出率从平均 35.5% 降低到平均 13.5%

▷ 网页浏览量增长超 300%

▷ 平均在线时间增加超 8 分钟

▷ 来自这 6 个行业的销售商机增加了 22%

区域营销

所有与 ABM 相关的营销方法并不局限于通过数字化的方式来吸引目标客户，区域营销就是一个很好的例子。

根据公司的不同需求，区域营销也会采用不同的形式。有时候会是该区域负责营销活动的团队或负责目标客户的团队，来负责跟进最有价值的客户。

除了特殊情况，区域营销部门通常比较被动，往往在销售团队提出需求后才提供支持。尽管这种模式也能够达成一定的效果，但有时会导致区域营销部门无法持续关注公司最重要的客户。

那么，区域营销部门该如何应用 ABM 呢？它先要了解公司的重要目标客户都分布在哪里，然后，找到这些目标客户最集中的区域。通常，它们会分布在一些大城市，但也会有一些特例。

下一步，区域营销部门需要评估一下自己的资源，包括预算以及人力资源。然后它要与公司的营销和销售部门一同沟通，判断哪些城市是区域营销可以覆盖的。这里需要注意一点，不是所有的城市和地区都需要相同的关注度：在销售商机最多的区域，需要按照战略客户的标准加大关注度，并投入更多资源。

采取这种区域营销工作规划方式，可以让你从以下三个方面获益。

▷ 区域营销部门可以每个季度与区域销售部门保持协同，来满足销售漏斗中商机产生和加速转化的需求

▷ 在这些重要城市定期开展区域营销活动，并以此创造影响力

▷ 鉴于区域营销部门已经对该区域、正在跟进的目标客户和销售

漏斗非常了解，当新的销售代表来到这个区域，区域营销部门可以帮助他们更快速地进入正轨。

这样的多部门协作和工作规划会不会因为太新锐而遭到一些营销人员的反对（或者回到传统区域营销的老路上去）？会有这种情况发生。因此，额外的培训非常必要，有时候还需要通过招聘一些不同类型的营销人员来丰富团队。但是，更高的赢单率和更快的销售速度会有效地降低转型所带来的痛苦。

区域营销领域的其他最佳实践

随着本书的介绍，你已经知道ABM的一个关键原则就是需要销售和营销部门协同。为了做到这一点，最佳的方式就是让区域营销部门的成员与销售部门的成员进行一对一的联系和沟通。这可以采取人盯人的方式进行。

也就是说，区域营销人员需要频繁地参与销售人员和客户的电话沟通，以便准确了解实际的落地情况；区域营销人员还可以参加销售人员与客户的会议，在会议中，营销人员既可以默默观察，也可以积极参与，只要区域营销部门和区域销售部门双方对参与形式达成一致就行。

我们看到这种实践模式已经取得了非常好的效果，通过获取与客户互动的第一手信息，它可以让营销效果更理想，也可以让区域营销部门和区域销售部门之间建立起更好的工作关系。

另外一个可以借鉴的最佳实践是，在对销售DIY项目进行评估后，提供合适的支持。常见的情况是，就算区域营销部门和区域销售部门能非常好地携手合作，它们还是会有一些自发的或者无预算支持的销售想法产生,这些想法虽然看上去大有可为,但实际上时机并不成熟。

在这种情况下,区域营销部门可以采用80/20原则,即通过提供大约20%的常规营销支持,助力这些编外项目实现80%的产出。

通常我们会通过严格的营销规范,对客户经理的初步想法进行评估,以判断项目结束时的ROI。通过评估,我们发现有些编外项目没有成功,对此大家并不会感到意外,而另外一些效果非常好,随后这些项目会成为区域营销正式项目的一部分。

社交化

如今,社交媒体经理可以和区域营销团队、区域销售团队密切、有效地一同开展工作。在Demandbase,区域营销团队会在特定的区域开展有针对性的推广活动。他们与销售和社交媒体团队配合,针对目标客户的决策者及其所发布的社交媒体内容进行在线调研。基于此,社交媒体负责人或者区域营销人员会在Twitter上对潜在目标客户发布相关信息和内容。

社交媒体推广的目的不是获得点赞、转发和评论,真正目的是从社交媒体上收集到目标客户的兴趣点,展开与目标客户的对话,并快速建立融洽的关系。

举个例子,我们的一位客户经理负责某个区域的20个目标客户。我们通过包括社交媒体互动在内的推广活动,覆盖了其中的14个。客户经理反馈,因为有了社交媒体接触的铺垫,他与这些目标客户的沟通非常友好、顺畅。

营销活动策略

我们经常在开会时问大家:"请问有多少人认为你们做了**过多的营销活动**?"然后会发现现场至少有一半人都举起了手。

大多数营销人员都希望少做一些赞助活动,但是这说起来容易做起来难,特别是在没有实施 ABM 的公司。在这样的组织中,线索数量至上,很难放弃有可能带来另外一批潜在销售线索的机会。

这种"唯恐错过"的心态也会以另外的形式出现。比如,我们知道有的活动竞争对手会参加,就会担心,如果我们不出席会怎样?是否会引起谣言?可能还会想:我们 10 年来都出席该活动,或者我们认识的主办方的人很不错,是不是该继续参加?

以上只是从营销的角度出发产生的顾虑。如果把销售人员希望参加的活动也考虑进来,好吧,这就是为什么当我们问大家是不是觉得参加了过多的营销活动时,会有那么多人举手了。

ABM 最棒的地方是可为你提供一个框架来判断哪个活动值得赞助,需要投入多少。同时,它也是一个客观的、有依据的规划机制。

先准备好目标客户名单,然后看看去年哪些活动带来的商机最多。你的目标是找出这些活动成功的原因。

最核心的一个问题是:有多少活动参加者在你的目标客户名单上?你会发现,活动的目标客户/参会者的比例低于一定程度时,其回报率呈递减趋势。

接下来,可以与部门里有经验的同事进行探讨。对于那些最为成功的活动,其关键因素是什么?是一个特定的赞助级别吗?活动的演讲席位重不重要?小型研讨会的效果怎么样?高管汇报会、客户晚餐会、赞助客户的外出活动等的效果怎么样？你可能会发现过去做过的有些活动并不达标。此外，你也许会发现有些活动很有潜力，但可能还需要更多的投入才能使活动效果最大化。

仅仅一次这样的分析还无法得到所有信息点，但是，只要继续分析，你将会越来越理解如何做一个针对目标客户并且有效推动购买决策的活动。

如此一来，当你的销售团队或高管找你商议活动建议的时候，你就可以拿出明确的数据和标准来进行评估。

这一过程不仅能帮助营销人员与销售部门实现协作，还能削减一些不达标的活动。这样可以为更可能触达目标客户的项目留出时间和预算，还能让销售团队少花一些时间在这些效果一般的活动上，从而把更多的时间用于他们的销售领域。

请记住，ABM 从两个方面改变了营销活动：首先，正如在这里和第 2 章中都提到的，它会改变营销投入的方向；其次，它改变了营销活动本身。相比于从展位带来的销售线索，它更关注与目标客户的互动。因此，不同于在活动中派发花哨的小礼品或是在欢饮时段送上鸡尾酒，你可以预定单独的房间与目标客户的人员进行一对一沟通，也可以为他们专门办一个 VIP 晚宴来进行交流。

网络研讨会

如你所知，网络研讨会是非常有效的营销工具，可以是实时直播，也可以进行录播和回放。它可以实现实时互动、屏幕分享，而无须旅途劳累。

对于B2B领域的营销人员而言，与媒体合作，借助思想领袖举办网络研讨会来获取商机是很常见的一种方式。如果你采用了ABM战略，我们建议你自办网络研讨会，直接针对你的目标客户开展营销。自办网络研讨会的成本会降低很多，并且由于是针对已经在你的数据库中的受众进行营销，更容易实现销售转化。如果你希望获得新的数据，可以考虑其他更加有效和有针对性的方式，比如内容聚合（Content Syndication）。

自办网络研讨会还有一个潜在的好处，那就是你能实时拿到注册信息和参会者名单，然后在第一时间给到内销团队去跟进。在Demandbase，网络研讨会开始之前我们就已经有了30%的销售商机。如果只能在会议后拿到名单，可能会因此失去一些销售商机。自办网络研讨会需要考虑的一个问题是，它需要购买网络会议平台的使用权。这些平台虽然已经是成熟的工具，但与全部外包出去相比，仍然需要投入一定的时间进行学习。你还需要确定网络研讨会的内容，邀请客户。但是，总体而言，我们认为，与巨大的回报相比，自办网络研讨会的付出还是合理的。

内容营销

根据谷歌的数据，YouTube是谷歌之外第二大商业内容搜索网站。[一]设想一下，在《财富》世界500强企业中，75%的企业管理人员会在线观看视频，65%的高管在看完视频后会访问供应商的网站。由此可见，视频是非常好的内容营销途径。[二]

[一] https://cdn2.hubspot.net/hub/139831/file-17772438-pdf/docs/bestpracyou-tube.pdf?t=1535403315793.

[二] https://www.smamarketing.net/blog/b2b-youtube.

仅仅在 YouTube，每分钟就有 300 小时时长的视频被上传，每天视频观看量高达 50 亿次。而这仅仅是一家视频网站所产生的数字。

当然，视频只是呈现内容的一种方式。我们所在的世界正在被内容所充斥：在短短的一分钟内，人们发布了超过 200 万条帖子，发出 2.15 亿封新邮件。㊀

面对巨大的需求量，内容呈爆炸式增长。与此同时，我们也意识到，在大量垃圾信息中找到有用的信息是一件很具有挑战性的事。

作为营销人员，我们该如何应对？怎样才能脱颖而出、胜人一筹？其中的一种解决方法是 ABM 所倡导的聚焦。

和我们目前所讨论的吸引客户的方法一样，第一步是获取目标客户名单。搞清你的目标受众非常重要。

第二步是对名单中的客户进行细分，以确保向每个客户传递的信息都与其相关。如果你还处在试点阶段，是第一次做客户细分，那么可能不会有很多群体分类。当以后目标客户名单覆盖很多细分群体时，就可以从客户数量较少的一个细分群体开始尝试。

此时，需要关注那些面对客户的团队了，比如客户代表、销售拓展代表、客户成功经理，当然也包括区域营销和需求挖掘团队的相关人员。他们能提供大量关于客户的信息。通过和他们面对面或者电话沟通，你会知道目标客户是谁，属于哪个细分市场。现在让我们来看看下面的问题。

▷ 这些目标客户的需求是什么

▷ 它们目前面对的挑战有哪些

㊀ http://videonitch.com/2017/12/13/36-mind-blowing-youtube-facts-figures-statistics-2017-re-post/.

▷ 它们如何获取所希望了解的内容

▷ 它们偏好哪些形式的内容

▷ 其采购决策委员会由哪些类型的人组成

▷ 其采购决策通常是怎样形成的

▷ 对于那些决策者信任的顾问或思想领袖，我们了解什么信息

如果你的答案是"这取决于……"，这意味着你需要进一步将你的目标客户名单进行细分，直到参加会议交流的人员能够很明确地回答上面的这些问题。所以，后续你应该专注于某些垂直行业，或者某一行业，或者一个特定的销售阶段。

如果大家对上述问题一脸迷茫，那最好从以上信息都非常明确的客户开始进行尝试。这也会为团队成员留出时间，让他们去完善那些信息不完整的客户资料。

第三步，将收集到的所有客户信息与现有的内容进行比较。有些内容非常匹配，有些内容部分匹配，还有些内容与目标客户的某一细分群体并没有相关性。然后，我们可以用电子表格把这些内容和精心挑选的目标客户细分群体一一匹配起来。

第四步，按以下方式对内容进行标注。

漏斗顶部（ToFu, Top of the Funnel）：这些是思想领袖的意见，以博客、纸质图书、电子书、视频、信息图等形式呈现。这些是用来说服 B2B 潜在客户的重要资料，但也最为抽象和宏观。

漏斗中部（MoFu, Middle of the Funnel）：这部分包括案例研究、白皮书和产品资料。这些内容可能以 PDF 文档、网络研讨会、系列电子邮件等形式展现。

漏斗底部（BoFu, Bottom of the Funnel）：位于漏斗底部的是与产品直接相关的内容，如免费试用、演示文档、产品手册等，呈现形式多为印刷品、PDF 文档和网络研讨会。

当你完成了对现有内容的整理时，电子表格清单中的每一项内容都标注清楚属于哪个细分类别，以及应该用于漏斗的哪个阶段，并且还可以进一步标注出这些内容适用于哪些目标客户。

完成这些步骤后，你应该已经清楚地知道：现在已经有哪些内容，还有哪些内容需要补上。基于目标受众，可以对现有的内容加以调整、定制，以满足特定的细分群体。也可以保持现有内容不变，通过采用相关的 Logo、图片和信息，让落地页更加贴近目标客户所在的细分群体的特征。

如图 5-4 所示，我们只是把右图所示的同一份文件的封面（以及少许内部资料）进行了修改，就变成了左图所示的针对金融服务行业的版本。

图 5-4　相同的内容 + 简单的调整 = 有针对性的内容

在这一阶段，你会知道自己缺少哪些必不可少的内容。通过与营销活动团队及区域营销团队的协作，将目标客户名单作为指导方向，去了解需要优先补充哪些新的内容。

例如，如果你发现一场活动对某个特定的目标客户细分群体的覆盖率不够（和其他细分群体相比），那么，就可以为这个细分群体提供额外的内容以增强互动。

一旦知道了自己拥有哪些内容，以及哪些内容很快可以制作出来，就可以开始制定内容发布方案了。你可以和销售部门一起，针对目标客户细分群体，来规划如何将内容传递到每一个受众那里。你也许会直接把一些资料发给目标客户，而其他资料则可以通过邮件发送或在活动现场进行发放。当然，如果特定目标客户会浏览网站，那么其他内容也可以及时定制好放在网页上。

就如我们所说，ABM是团队合作的产物。来自销售和营销团队的人员通力合作，共同创建必要的内容，并确定如何将这些内容传递给哪些目标客户。ABM让销售和营销团队的合作更紧密。

如何衡量内容营销成功与否呢？我们可以使用一些传统的指标（如下载量、浏览量、社交媒体曝光量）进行衡量，但请注意要将目标客户的数据与非目标客户的数据进行比较。也许你有一项下载量非常高的内容材料，但如果其中仅有5%的下载量来自目标客户，那么，这个内容材料是否真的有用呢？反过来，很可能你的另一项内容材料的整体下载量低了10%，但是其中90%的下载量来自目标客户。从ABM的角度来看，让目标客户产生共鸣比下载量更为重要。

最佳的方案是再加入一些衡量指标，更全面地描述销售漏斗的进展，如图5-5所示。

你需要借助CRM系统来给MoFu和BoFu设定评估指标，覆盖从MQL到SAL，再到销售漏斗商机，以及最终所产生的营收的全过程。

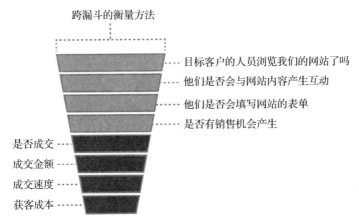

图 5-5　传统的衡量方法对于漏斗顶部有效，但是你需要其他的衡量方法来总览全局

在早期，也许你的报表系统还没有完全做好准备，这也正是需要进行 ABM 试点的原因之一。你会逐步让一切都就绪。这样，当需要扩展 ABM 范围的时候，就有合适的系统来处理了。

确定初步的 ABM 吸引策略

我们已经讨论了几种吸引目标客户的方式。事实上，我们已经涵盖了足够多的内容，以至于你可能不知道从哪里开始。

为了解决这个问题，请先思考一下目前你所面临的主要挑战，因为它与你的销售漏斗有关。

你也许会认为是 ToFu 的问题：公司没有足够的曝光量和品牌知名度。你可能发现需要让潜在客户了解一些基本情况，比如你的公司在行业中的定位等。

如果的确是缺少品牌知名度，或者品牌遭遇误解，那么你的确需要在ToFu阶段加强内容营销。正如我们之前所讨论的，也许并不需要全新的内容。对现有内容资源的盘点会让你发现，你所拥有的内容要比你想象的多。在这种情况下，主动出击，通过内容聚合或者基于目标客户的广告可以增加营销内容曝光度。

也许你会发现，最薄弱的环节出现在MoFu。此时，销售线索已经转化为销售商机。但是，这一过程好像就停滞不前了。如果有数据可以说明哪些目标客户的转化变慢或停滞，就可以与区域营销团队一起重新审视下他们的活动方案了。之前针对这些目标客户所在的区域设计了什么样的营销活动？也许是内容不合适，不能引发客户互动，或者是内容隐藏过深，不容易找到，比如需要点击4次才能看到。销售团队有没有发现目标客户表示拒绝或对信息有误解的情况？这些信息能否提供线索，让你知道需要做出哪些改变？

如果问题多出现在BoFu，需要做些什么？ABM专注于目标客户，同时它也会将资源聚焦在那些更容易转化为商机的客户。这时的解决方案是调整客户分级，转为一对一或者一对少的ABM方式，来看看更高程度的个性化和关注度能否推动目标客户最终成交。

~~~

无论你最后得出怎样的结论，对于整个ABM过程而言，这还只是早期阶段。你已经明确了目标客户名单，我们也已经探讨了通过一些方式可吸引合格的目标客户，而这一切，是传统手段所不能实现的，至少不能规模化地实现。我们在下一章将探讨如何通过ABM所提供的强大方法，与目标客户进行互动。

ACCOUNT-BASED MARKETING

第 6 章

推进互动

> 几个实用步骤，让你的网站留住客户

确定你的目标客户，然后吸引它们，这当然至关重要，但同样重要的是与它们产生互动。吸引客户只是开启双方对话的钥匙，互动才是推动它们在客户旅程中前进，并最终如我们所愿产生购买行为的重要引擎。互动的关键是客户细分和整合营销：确保潜在客户无论通过哪种渠道与你互动，它们都会收到与其相关的一致信息，而不是一条通用的群发信息。

从统计数据可知，我们每天都会接触到成千上万的广告信息。虽然统计的数字不尽相同，但可以确定的是数量非常庞大。而这一庞大数量还只是广告部分，更不用说新闻、博客等其他类型的信息。

由于每天接触到如尼亚加拉大瀑布似的海量信息，所以在登录网站后，我们的潜意识在几秒内就会自然地做出反应。研究人员在分析了超过 20 亿个数据点后得出一个结论：人们会在大约 10 秒钟内选择浏览或者离开某个网站。⊖ 当然，网站只是众多可供选择的互动工具之一，但是由于每个决策者都会与它产生互动，所以值得你付出时间将它做得尽量有说服力。

假设我们正在为公司寻找新的托管服务供应商。当我们输入"托管"并登录某个页面时，在几秒内我们就会确认："这是我想要的供应商吗？"

换一种方式来讲，你的首次销售时间只有 10 秒，并且需要向不同的受众群体展示你有他们所需要的产品。更明确地说，你不是靠产品吸引受众，而是靠你网站上的内容与其所搜索关键字的相关度留住他们。一项研究发现，60% 的 B2B 网站访问者在仅仅查看一页内容后就离开了。⊖

大网和飞镖

我们自己作为消费者，某些时候也是 B2B 客户，都见识过大部分网站在瞬时销售中的糟糕表现。大多数网站仍在采用传统的广撒网策略。这种广撒网的策略就是："让我们把所有的产品和服务都上传到网站首页，展示给所有来访者。这样做，肯定有用。"

⊖ https://www.nngroup.com/articles/how-long-do-users-stay-on-web-pages/.

⊖ 此项研究由 GoTranspose.com 组织，是一项针对 B2B 企业的调查。

当企业试图最大限度撒开大网获取目标客户的同时，潜在客户的人员正在使用类似于投"飞镖"的方式：一种针对其需求的明确又精准的搜索。

为什么他们能做到精准搜索？因为许多利益相关者，可以在保持匿名的情况下进行大量的研究，尤其是当涉及 B2B 销售领域时。他们浏览博客、领英（LinkedIn）、文章，在论坛上与同行一起交流。当他们访问你公司的网站时，已经很清楚自己要找的内容，如图 6-1 所示。

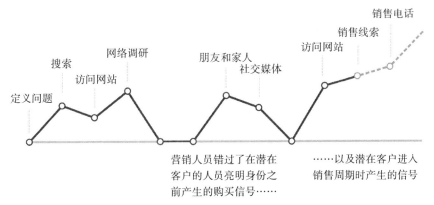

图 6-1　当潜在客户的人员登录你的网站时，他们实际上已经有了很多观点

当大部分公司在使用大网获取目标客户的时候，大多数潜在客户的人员则通过精准的飞镖定位他们需要的内容，飞镖恰好从网孔穿过。

客户细分会改变这一切。如果能针对细分群体调整你要传递的信息，并在网站首页或落地页面上清晰显示这些针对性信息（点击有些公司的网站链接后，进入的是其落地页），那么你就能将一张大网变成细筛子，并抓住这些访客的注意力。

实现信息个性化

将客户细分为具有共同特征的群体后，你就可以通过个性化方式提升与客户的互动程度。

但千万不要忘记，你要遵循 ABM，这意味着你必须将个性化与业务目标结合起来，比如下面这些例子。

▷ 来自某一特定细分群体的营收增长 15%
▷ 从竞争对手 A 处赢得 4 个客户
▷ 使来自现有客户的营收增长 20%

我们说的"个性化"不仅指写一封带有某人姓名的个性化信件，还包括非常多样的个性化选项。

▷ 访问者所在企业的名称
▷ 企业所在行业的名称
▷ 一系列产品或服务
▷ 甚至可以更具体：某一产品（型号）或服务
▷ 地理位置
▷ 企业规模
▷ 企业所属的行业协会
▷ 共同的"阻碍"（例如政府监管、破坏性竞争者、外国势力等）

你可能会问："我需要为每一个目标客户定制每一条个性化内容吗？"不，这不是你要做的。我们建议你从小范围开始，从目标客户名单中的企业开始试点，甚至只选择名单中的一个细分群体开始。使用上述的一个或多个个性化选项完成信息定制，并以有意义且相关联的方式将现有内容推送给所选的细分群体。

正如我们在第 2 章中提到的，Adobe 在 4 个不同的行业使用了个性化的客户 Logo 和参考案例。这并不需要设计相应的单独的网站或页面，只需在同一个页面上针对这 4 个行业实现实时个性化即可。而来自其他行业的访问者看到的是该页面的通用版本。个性化使得白皮书的下载量增加超过 200%（见图 6-2）。

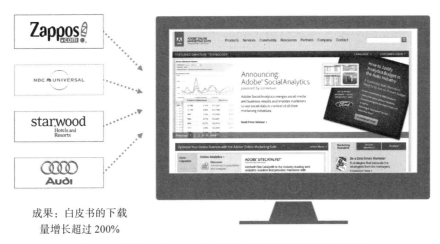

成果：白皮书的下载量增长超过 200%

图 6-2　通过客户 Logo 和特定行业信息进行个性化展示

关于这个个性化项目的另一个有趣的事实是：针对这 4 个行业的白皮书的底本竟然是相同的。通过对内容进行个性化处理，预先建立了与特定行业的关联，所以这些白皮书能够紧紧抓住相关访问者的注意力。

个性化的另一个例子是使用目标客户的企业名称，以及在广告和网站上显示针对该企业的特别折扣计划（见图 6-3）。

图 6-3 使用目标客户的企业名称进行个性化展示将会非常有效

尝试不同的传播媒介

另一种方法是尝试采用不同的信息投放机制，从而将你的信息与受众群体相匹配，同时提高互动性。

一个文字占比较大的页面，可以很好地描述你的服务。而同样的信息，也可以尝试以视频形式来展现。有些人喜欢通过阅读了解内容，而有些人更喜欢看视频。非常受欢迎的"TED"系列演讲证明了这一事实：访问者既可以观看 TED 演讲视频，也可以阅读它们的文字稿。

另一个可以考虑的媒介是播客，它的受欢迎程度正在超过博客。⊖当受众在某些场合（例如开车或锻炼）无法访问其他媒介时，播客这种形式使得内容可以触达听众。

亚马逊会将一本书制作成电子书、纸质书和有声书等形式，使相同的信息触达最广泛的受众。尽管上述媒介主要用在 B2C 交易场景，但它们并不局限于 B2C 领域。

增强在线聊天功能

一旦人们进入你的网站，他们只有在找到需要的东西时才会产生

⊖ https://www.searchenginejournal.com/podcasts/261447/.

互动。你可以通过个性化的主页、清晰的导航栏和搜索功能来实现这一目标，人们可以通过输入需求找到他们想看的内容，而不是到处去寻找相关页面。

实时在线聊天方案如果实施得当，可以进一步提升互动程度。对我来说，在搜索查询框中输入内容并得到可能相关或不相关的结果是一回事，能够询问在聊天窗口另一端的真人，并请他帮助策划解决方案又是另一回事。

许多公司仅将在线聊天当作技术支持或客户服务工具使用。但是，当你知道正在访问网站的是哪个客户的人员时，你可以选择是否展示在线聊天功能以和他进行个性化对话。例如，你可以只将在线聊天功能展示给目标客户的人员，而对非目标客户的人员隐藏起来，这样就能更有效地使用这个强大的工具。

Adobe 希望通过添加 ABM 功能来增强其现有的实时聊天效率。添加完成后，在线聊天系统能够实时识别访问者来自哪个企业。它还能为 Adobe 负责在线聊天的客户代表提供关键的企业数据，如企业的规模、行业和位置。以下是 Adobe 对该系统的描述。

从互动的角度来看，能够帮助你了解和你对话的企业是哪一家，是个非常强大的功能。掌握更多背景信息以后，你就可以引导对话的方向，从而获得更多的机会。㊀

拥有 ABM 功能的在线聊天能够带来更多好处。由于 Adobe 知道参与互动的是哪家企业，还了解其个人的主要特征，就可以将访问者安排给最适合回答他们问题的客服人员。掌握更多访问者的背景信息，

㊀ 引自 Adobe 客户拓展部的 Thomas Gadd。

就意味着可以进行更有效的对话。采用这一工具之后，从聊天到销售线索的转化率增长了约 200%。

利用数据

深入研究你的营销平台和网站提供的数据，以了解访问者的特征和意图。根据这些数据，你可以判断哪些资料（白皮书、网络研讨会、营销活动等）适用于你的目标受众。这可以帮助你向他们推送正确的内容，并最终提高转化率。这些数据还可以帮助你了解应该主动推送哪类资料给那些同一细分群体的客户。

在客户的购买旅程中，通过不间断的广告增加互动

在图 6-1 中，我们讨论了潜在客户的人员在访问你的网站之前就已形成自己的观点。正因为如此，你更应该通过基于目标客户的广告触达他们，正如我们在第 5 章中所讨论的那样。

但是，最好的效果不仅包括能在购买旅程中更早地接触客户，而且包括可以为客户在整个购买旅程中提供始终一致的个性化信息。

这为我们带来了另一种最佳实践，即为了充分与潜在客户互动，你的 B2B 广告应该不间断展示。此外，如果你看一下图 6-1，就会发现：一般来说，潜在客户在通过访问网站、填写表单或者致电解决方案提供商进行互动前，已经就某个主题进行了长时间的关注和互动。

不间断广告（Always-on Advertising）会给你带来以下三个好处。

第一，它确保你的信息能传递到目标客户的关键决策者面前。决策者通常都有好几个，现实就是他们对选项和解决方案的理解可能分

别处于不同的阶段。要确保你的广告在销售漏斗的不同阶段一直会出现，好让这些决策者在销售漏斗的不同阶段都能接收到一致的体验和信息。

第二，不间断的广告可以让你更好地了解客户旅程。随着潜在客户购买旅程的推进，理想情况下，你希望能够获得数据和购买信号，以此深入了解如何将潜在客户推进到销售漏斗的下一阶段。

第三，投放定向广告的时间越长，所获得的潜在客户行为数据的质量就越好。举个例子，随着广告投放时间的推移，你对最终成交客户的互动方式会有更多的了解。这会让你越做越好。

要想通过不间断的广告获得最大价值，请确保持续跟踪网站互动情况。

网站个性化调整的七个步骤

幸运的是，实现网站个性化并不像切换到新的CRM或会计系统那样难。如果你遵循以下七个步骤，就可以按照自己的意愿逐步实现个性化。

第1步：审核你的网站内容。对已有的内容进行盘点。正如我们之前所说，问题往往不是缺乏内容，而是采用了一刀切的方法来呈现内容。查看你的营销资料，例如案例研究、网络研讨会和其他内容，着眼于哪些细分群体可以使用哪些内容。某些内容可能需要微调以实现个性化，但这与从头开始创建新内容相比要快得多。

第2步：识别高价值页面。不是所有页面都是按同样的方式设计的，当然它们也不可能都起到很好的作用。通过一整套分析数据来确定互动次数最多的页面，以及在购买信号出现之前访问次数最多的页面。（购买信号通常有填写表单、致电销售、观看演示或访问定价页面等。）这些都应该是先实施个性化的页面。对网站首页进行个性化设计也是一个好主意，因为这通常会带来大量初始流量，并给访问者留下深刻的第一印象。

第3步：衡量和分析。告别传统的衡量方式，如点击量和页面浏览量，要查看来自每个关键目标客户的访问情况并进行归类分析，以衡量它们的人员在你的网站上的行为。

第4步：识别快速见效的方法。如果你想立即开始进行个性化内容定制，可以首先调整行为召唤方式（CTA, Call-to-Action），例如"提交"按钮的设置。你还可以定制网站标题和图片以吸引某些细分群体。只要对相关信息进行个性化处理，就可以对多个细分群体使用相同的内容。

第5步：创建个性化变量。如果你刚刚开始对网站进行个性化改造，那么最好做到简单、有序。找出网站上可以进行个性化的简单信息（以后你可以对复杂信息进行个性化处理），比如客户Logo、客户证言、特定行业视频、背景图片、文章标题、小标题和CTA等，你可以采用电子表格或者资源库进行整理。然后，按照细分群体、行业、企业或其他分类进行个性化设定，如编写内容、收集图像、获取Logo等。刚开始时，建议只针对一个目标客户进行个性化设置，这样做是让你可以熟悉此过程。很快，你就能迅速实现规模化。

第6步：为你的个性化网页吸引流量。要想采用我们在步骤7中讨论的A/B测试，你首先需要足够的流量来获得重要的统计结果。将你的个性化工作与需求挖掘团队同步共享，这样你的个性化页面可以更快地获得更多流量。这种协作还有助于实现从广告、电子邮件、社交媒体到个性化页面都提供一致的信息。

第 7 步：优化并重复。优化是网站个性化策略的关键组成部分。进行 A/B 测试可以看出哪些变量对于某一特定因素最有效。如果你主要想展示那些采用你的服务的公司，在使用它们的具有特定行业特征的 Logo 进行个性化设计时，请测试一下使用不同的 Logo 是否会影响转化率。我们将在第 7 章中更多地讨论这个过程。

~~~

只要你应用了我们在本章中讨论的一小部分方法，那么你与目标客户的互动率就一定会有极大的提升。你不必无条件地相信我们所说的话，因为你的试点项目将会提供相关数据帮助你进行验证。

如果访问者能够整天与你互动，那当然很棒，但更理想的是要促使他们采取行动，将销售进程推进到下一个阶段。在下一章中我们会讨论这方面的内容。

ACCOUNT-BASED MARKETING

第 7 章

转化和成交

> 如果不能成交，任何努力都毫无意义

B2C 领域虽然也充满挑战，但在很多方面，B2C 领域的营销效果比 B2B 领域的更加直接。

以转化为例，你发送了一封节日促销的电子邮件，吸引用户访问你的网站。用户访问网站，输入促销码，然后其中一些用户完成了购买行为。在 B2C 领域，这样的结果就被认定为转化（尽管某些其他行为也可以算作转化，比如填写表单或报名参加网络研讨会）。总之，相对而言，B2C 领域的销售漏斗更短：从广义上来说，B2C 领域涉及的决策者更少，而且不涉及"商机"这个概念。

然而，在B2B领域，并不是在付款交易的时候才算发生转化。相反，客户动手填写表单、致电销售人员、报名参加网络研讨会等发出购买信号的行为，都算是转化行为。销售线索从MQL转化为SAL（其中的一部分会再转化为商机）的整个过程，是B2B领域独特的转化过程。

信号和购买旅程

工程师喜欢谈论信号和噪声，老式指针收音机是个很好的例子——当转动旋钮时，你在大部分时间里听不到什么，但突然间，你听到了清晰的声音，它正在广播有用的信号。

与工程师一样，B2B营销人员花了大量时间来做两件事：第一，创造一个能产生最多信号的环境；第二，试着将有用的信号从噪声中分离出来。

市场上也充斥着各种噪声。潜在客户何时才是真正的潜在客户？你的网站访问量里肯定包括了来自机器人以及做论文研究的学生、竞争对手、记者等各种人群的访问量。因此，我们需要对这一系列的信号元素进行仔细研究，弄清楚它们的含义以及如何对它们施加影响。

购买信号的变化组合

并不是所有的购买信号都像填写表单或聊天互动那样明显，并且所有信号的重要性也不尽相同。下面的例子展示了潜在客户发展成MQL前12个月的典型购买旅程，随着时间的推移，每个月的信号组合会发生变化（见图7-1）。

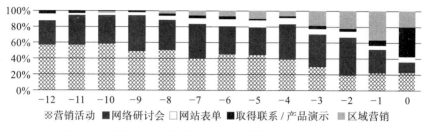

图 7-1 随着时间的推移,每个月的信号组合会发生变化

深浅不一的阴影部分分别表示不同的营销渠道:营销活动、网络研讨会、网站表单、取得联系/产品演示、区域营销。我们通过不同的营销渠道在客户购买周期的不同节点上与其互动。

在购买周期的早期,你可以看到人们更多地选择自助服务,如参加网络研讨会、下载白皮书等。在即将转化为商机时,他们倾向于参加区域营销活动或填写表单,这样销售人员会与他们取得联系。

在持续分析和衡量客户的这些行为趋势时,你开始了解购买行为的可靠指标有哪些,你可以与销售团队分享这些信号并确定它们的优先级。从营销的角度来看,你可以制订计划,通过有意义的方式来处理和利用这些信号,为最后达成交易、赢得客户提供帮助。

另一个需要与销售团队分享的重要信号是网站流量。理解每个月网站流量增加的原因,清楚了解网站上浏览量最多的是哪部分内容,独立访客有多少,这将有助于识别出那些进入购买决策过程的客户。此外,如果你的销售代表已经与某客户取得联系,但该客户的人员对网站的访问量却骤减,这可能是预示该客户会流失的危险信号。这时候应该联系销售人员,看看他们是否得到该客户的反馈。

这样做同时完成了两件事:第一,挽回了可能会流失的客户;第二,销售人员可以持续向营销部门反馈这些信号的可靠性。这也是细节分析助力营销不断改善的一个范例。

通过热图技术获得洞察

现在,有些工具可以让你对落地页的访客有非常多的了解,这听上去有点不可思议。研究表明,眼球运动和鼠标(或光标)运动在某种程度上是正相关的。[1]回想一下当你浏览网页时鼠标停在哪里,你就会对以上所述有更直观的了解。

这些工具可以在相应的页面上记录下鼠标的每一次移动和点击。然后,你可以调用记录,查看一个访客的鼠标点击或悬停的精确位置,查看这个访客下一步转到哪些页面,或者返回哪些页面进一步深入阅读。这就是"热图分析",因为它把点击多的地方显示为红色,把点击少的地方显示为绿色或其他颜色。

这样的分析可以让你对访客关注和不感兴趣的内容有一个很好的了解。例如,在转化率优化中有一个被称为"假底部"的概念。这是页面设计的一种方式,许多访客甚至没有意识到,如果他们向下滚动页面,还有更多的内容可以查看。他们只是进入页面看一下,然后就离开了。记录工具可显示是否发生了任何滚动页面的行为。通过对这些行为的观察,然后移动周围的一些元素来重新设计页面,你就可以确定针对新页面的参与度是否提高了,以及转化率是否因为访客现在看到了页面下方的表单或其他 CTA 而有所提高。

热图分析的另一个好处是能够检测到一些实际上不显眼的页面

---

[1] https://static.googleusercontent.com/media/research.google.com/en//pubs/archive/40760.pdf.

元素的效果。假设你使用 ABM 工具在页面的某个区域插入一些客户 Logo，且页面下方还有一张引人注目的图片，热图分析可以告诉你，人们的眼睛是否会立即跳到图片上，甚至根本没有关注到动态插入的与访客相关的 Logo。热图可以很好地展示出人们什么时候想要找寻什么信息。

与其他形式的分析一样，将目标客户的行为与其余人群的行为区分开来非常重要。一般来说，与临时访客、竞争对手和其他人群相比，客户或正在跟进的潜在客户的人员浏览网站的诉求是不一样的。最好的洞察首先来自客户细分，然后才是行为分析。

需要关注的页面信号

ABM 能够让你关注目标客户的人员在网站上的行为，这实际上已经为你过滤了大量的噪声。即便如此，他们在网站上的某些行为有时看起来也很令人困惑或毫无规律可言。以下是一些需要注意的潜在信号。

多次返回某个页面：对于网站首页而言，这样的行为很自然。但如果该网页的内容是你提供的某个产品时，这很可能就是一个信号了。

输入的检索内容：大多数网站在网页的右上角都设有搜索工具。然而，根据我们的经验，大多数公司并没有通过分析访客的搜索查询来获取信息。如果你这样做了，就可能会检测到以"产品 X 与产品 Y 的对比""产品 Y 的退款政策"或"产品 X 的应用程序接口"形式出现的潜在购买信号。最后一个检索内容表示访客对产品 X 感兴趣，特别是可以通过应用程序接口连接到其他系统的产品 X。

对于这样的信号，可以采取两方面的行动：一方面，可以让销售人员联系相应的客户并回答一些问题；另一方面，确定访客在你的网站上寻找什么信息。尤其是对目标客户来说，让它们找到相关的答案非常重要。我们都知道在搜索某一信息但被告知"你的搜索结果为零"时自己是什么感觉。更糟糕的情况是，虽然有搜索结果，但与所搜索的内容毫无关系。通过检查搜索日志，你可以确定有多少搜索结果比较糟糕或者完全没有答案，并对其进行完善，以使未来的访客拥有更好的搜索体验。

访问价格页面：这是一个非常有用的信号，特别是与热图结合进行分析的时候，你可以观察到访客鼠标停留和点击的内容。

当你有多个订阅级别或者产品选项时，可以提供一个比较功能，让访客选择感兴趣的选项，并在同一个页面进行横向比较，这对你后续的跟进会很有帮助。比如，他们可能会比较一个产品的"白金级"与"企业级"选项。得到这样的信息后，你就可以让销售人员与访客进行有针对性的讨论。

访客在采取进一步行动之前的行为：如果访客是在看完产品演示视频后立即访问价格页面，这可能表明他喜欢自己所看到的内容，那么现在的问题就是价格。如果对价格页面的访问是在填写表单或致电销售人员之后立即进行的，这也是一个积极的信号。相反，若访客浏览价格页面之后立即退出网站，这就表明价格可能是一个重要障碍，至少现阶段是这样的。

常见问题解答页面：像谷歌分析（Google Analytics）这样的工具可以告诉你有人访问了常见问题解答（FAQ）页面，但应该更深刻了解的是此人在该页面上做了什么。让常见问题解答以"手风琴式"的折叠方式显示会很有效：当访客点击问题时，答案就会在下方展示出来。这不仅可以让访客轻松地浏览紧凑的页面，你的热图应用程序也可以显示访客想了解的确切问题。如果你把这个分析与访客接下来所做的事情结合起来，那就更有说服力了。

例如，访客打开了网站上的"服务等级协议"，内容涉及 7×24 小时全年无休支持服务，然后访客立即预约了产品演示，或者打电话给销售人员。这便算是一个强有力的购买信号。

对于上述讨论的所有信号，在 ABM 领域，一定要确保你的结论是基于对来自目标客户的访客行为的分析，甚至是基于对来自目标客户中某个细分群体的访客行为的分析，而不是对所有访客行为的分析。

降低表单填写门槛

最近，越来越多的 B2B 营销人员逐步放弃一切以填写表单为前提的做法，将网站大部分内容都设为"无须注册"即可获取。因为营销人员已经意识到，许多 B2B 买家在评估购买可行性时更愿意保持匿名。因此，如果在下载某些资料前必须填写表单、提交联系方式，它们的人员通常会选择不下载。

精明的 B2B 营销人员注意到了这一点。特别是在采用目标客户营销方式时，你会希望每个目标客户都有尽可能多的人来查看你提供的内容。因此，越来越多的电子书、白皮书和视频被设置成无须注册即可下载。

而对于其他价值高的内容，如网络研讨会，仍然设有门槛。对于这类情况，这里有一些最佳实践，可以实现转化率最大化。

网页表单是一个久经考验的需求挖掘工具。然而，研究表明，表单越长，访客填写的可能性越小，即使表单内容对他们很有用处。有几种选择可以缓解这种矛盾。

首先，谨慎考虑你所想要收集的信息量，尤其是对于初次登录的访客。有时，访客访问某个页面需要填写很多信息，虽然这些信息对你来说最终会派上很大用场，但它会让访客望而却步。举例来说，过早索要电话号码会导致很多访客将该项空着不填、留下假号码或放弃填写表单。如果在销售漏斗的后期再提出这样的请求，则不会引起任何抵触。

在表单中询问访客所属企业的年度营收额、员工人数等内容会碰到同样的问题。在初次接触时，只要求访客填写姓名、电子邮箱和企业名称等少量且简单的内容，会提高表单的完成度。我们将在后面的章节中讨论可直接添加企业信息的工具，使用该工具后，访客就不再需要对许多表单字段进行填写。

其次，在将需要填写的信息尽可能减少之后，还可以让访客分两步填写，以进一步提高转化率。第一步可能只是要求填写电子邮箱，把它设为第一个字段会很有用，因为电子邮箱与姓名或企业名称不同，你可以通过它与访客保持联系，即使访客在提供了电子邮箱后立即离开网页也没关系。

填写电子邮箱这样的一个字段很简单也不费时间，很多人都会毫不迟疑地填写。第二步可以让访客提供另一小部分信息，这些信息有时候也可以与当前页面上的有用信息相结合，比如客户证言或其他产品信息。

在表单的"提交"按钮下方提及隐私保护也是一个好主意。尽管我们是在讨论 B2B 交易，但企业的决策者都希望对它们的信息进行保密。

提高转化率的方法

让我们了解几个与网站内容相关的 B2B 销售行为，并研究一下如何尽可能地将销售线索转化为销售商机。

价格页面

我们在前面讨论过，了解人们在浏览价格页面之后发生了什么非常重要。现在让我们讨论一下价格页面本身。要牢记一个重要原则：不要让它们成为障碍。

如果你的页面上有多个产品的信息，那就要对这些产品信息进行合理安排，以便人们进行比较。目前常见的做法是在产品价格下方把相应产品的功能都罗列出来。最好是在功能列表中对各个产品的功能进行对比，这样人们能快速判断出价格更高的产品有哪些特点。看上去这应该是常见做法，但其实很多公司都没有这样做。

另外，不要在产品功能列表中包含太多技术性内容。因为在 B2B 的销售环境里，一些决策者可能从事技术性工作，但其他高管（如首席财务官等）却没有太多技术背景。因此，最好的做法是列出必要的技术参数，并包含提示条或超链接以提供更多技术方面的细节描述。

另一个最佳实践是在价格页面上强调产品或服务的价值。你应假设这是目标客户第一次访问你的网站，并且很快就浏览到了价格页面。你不仅要在价格页面上说明或重申产品或服务的主要价值定位，还应该通过展示与该目标客户相关的客户的 Logo 来进一步加深其印象。展示来自同一细分群体的其他客户的评价也可以进一步提高转化率。

如果产品或服务包含了任何形式的维保，也应该将相关信息放在价格页面的显著位置。

讨论竞争情况

ABM 的一个核心原则是，在采购决策过程中，越早接触目标客户，就越有可能把它们变成顾客。一般来说，潜在买家最早考虑的两个问题是"谁能提供我所需要的东西"和"它们有什么不同"。

你的网站能回答这两个基本问题吗？许多 B2B 网站都没有做到。但如果你仔细想想，解决这些问题，在潜在买家做决定的过程中，你就会被认定为能够真正帮到它们的供应商。

你无须直接列出竞争对手便可以解决上述第一个问题。假如你提供的是一个市场评价很高的 SaaS 解决方案，就可以着重强调该解决方案通过了 G2 Crowd（权威的软件行业企业用户评测平台）的评测，并且还被纳入弗雷斯特研究公司（Forrester Research）或高德纳咨询公司（Gartner）的研究报告。这些既可以帮助你解答潜在买家的第一个问题，也可以帮助你进一步实现自己的目标。

对于你来说，第二个问题就是："这些解决方案供应商有何不同？"这个问题也可以通过 Forrester 和其他公司的研究报告来解决。但是，如果你的解决方案没有被纳入这样的报告呢？在这种情况下，许多公司做得不太好，它们往往会说："我们公司规定不允许恶意攻击竞争对手，我们坚持只讨论自己的产品。"

好好想一下，销售人员实际上说的是："如果提及竞争对手，肯定要说它们的坏话。我们现在不想这样做，所以你得自己去比较。"

这样的说辞没有什么实际意义。换个说法可能更有效果："公司规定不允许恶意攻击竞争对手，但我们可以向你提供一份实证分析，上面将我们的产品与其他几家一流供应商的产品进行了比较。"然后，你可以在网页上提供这些资料的下载链接，或者在网络研讨会上提供这些资料。

你为目标客户所提供的这些实际帮助，将使你与不提供信息的竞争对手形成鲜明的对比。这会让潜在买家产生好奇："为什么其他公司不能提供呢？它们在隐瞒什么？"

承认不足能提高可信度

在你那些精美的文案中留出一页，在产品的比较和描述中加入被称为"不利供述"（Damaging Admission）的内容，也是很有价值的。

这个概念针对的重点在于：就像潜在客户想知道谁能提供它们所需要的东西以及如何比较供应商一样，它们也想知道每个方案的劣势是什么。工程师们早就明白的事情，我们也心领神会："你可以做到快速、优质，或者价格低廉——但三者只能选其二。"换句话说，天底下没有什么产品能同时具备最高品质、最低价格和最快的生产速度。

在 B2B 销售中，情况同样如此。如果我们来自一家物流公司，我们可以在明天早上就把你工厂的零件安全地运送到地球的另一边，但费用肯定会非常高。

潜在客户会有意或无意地权衡利弊，而帮助它们进行比较的公司将脱颖而出。如果你没有告诉客户你的产品的不足之处，那么它们就会自己去寻找答案。如果你能提供这方面的信息，则可能会缩短它们寻找答案的时间。

在制作和竞争对手的对比图时，不要在自己公司的产品旁边打上一堆绿色的钩，而在竞争对手的产品旁边画一堆红色的叉。你应该在对目标客户有所了解的前提下，坦诚地描述你提供的产品适合谁，不适合谁。你可以在比较图中加上一些这样的信息。

举个例子，Demandbase 的一个客户是软件 A/B 测试和多元测试领域的领导者。一开始，它的商业模式是同时为中小客户和企业级客户提供各种价格的套餐。经过对客户和市场的分析，该公司决定将重点放在企业级客户身上。它不想将自己定位为面向所有客户提供所有服务的公司。

因此，当把自己与竞争对手进行比较时，它的"不利供述"往往与价格有关：如果您的企业规模较小，并且刚刚开始进行对比测试，那么我们公司可能并不是您的最佳选择。这是符合实情且对双方都有益的，而且可能会让潜在客户停止搜寻负面信息。

Localytics 对 ABM 的评价

我们意识到自己的营销支出效力低下，销售线索数量对我们来说不再是一个有价值的指标。我们知道必须另找一条更好的途径。这时我们想到了 ABM。第一次试点，我们就实现了 36% 的客户约见转化率。

——Localytics 副总裁，主管需求挖掘

免费试用

在更加复杂的 B2B 销售模式下，提供免费试用是一个有吸引力的测试选项。为了将免费试用的效果最大化，请记住以下几点。

与价格因素相比，B2B 领域的潜在客户通常更加在意产品的操作便捷度。例如，如果你提供一个会计系统软件免费试用版，但是潜在客户认为安装新系统比较麻烦，而且有风险，更不用说如果不喜欢还要将其删掉，这会成为影响访客转化率的最大障碍，比任何价格异议的影响都要大。

因此，应该与销售人员密切合作来发现这些顾虑。你可以提供"安装和测试新系统很容易"这样的评价来消除试用者的担忧。还可以考虑制作一个视频，引导人们完成系统迁移过程，并向他们展示恢复到以前的系统有多容易。

如果你在研究时获得了一些销售线索，知道了目标客户正在使用的产品或服务，那就可以对页面进行个性化设置：列明你的书面指南、产品清单，以及从客户的现有系统轻松迁移到你的系统的演示或视频说明。

消除客户对企业服务试用的顾虑还有一种方法，就是提供比 B2C 领域典型的 30 天试用期限更长的试用期限。此外，销售人员也可以根据其掌握的信息给出最短试用期限的建议，并提出免费试用的合适期限。延长试用期限可以达到很好的效果，如果访客愿意联系销售人员讨论延长试用期限，这就是一个强有力的购买信号。

另外，如果你提供的免费试用功能非常完备，请务必讲明。如果提供现场安装支持，请将其作为一条重要信息告知客户。无论何时，当销售人员发现客户有异议，而你有很好的答案时，要考虑把它添加到网站上，你还可以在内容营销中使用该信息。

突破停滞

如果你还没有听说过停滞的概念，那么了解一下还是很有用的。

如果你提供了某样东西，但它未被使用，这种状态就是停滞。

假设一家公司提供了某项服务的订阅，其中包括免费与其高级系统集成工程师开 60 分钟的策略会议。鉴于策略会议的价值，这对该公司和订阅者来说是双赢的，不过许多订阅者并没有申请安排这样的会议。

这与转化有什么关系呢？你必须小心处理停滞现象，否则在某些情况下，它会成为转化的障碍。假设你来自 Acme 服务公司，提供 SaaS 解决方案 30 天的免费试用。考虑到软件成本，这个试用很有价值。你的销售团队观察到许多目标客户开始试用，不过也发现许多人下载后并没有真正使用试用软件，也没有产生任何其他购买信号。

可能出现的情况是，目标客户在想："我对这个软件感兴趣，也想试用，但没有时间。等我抽出时间来试用以后，就可以决定下一步的行动了。"

如果销售人员发现目标客户在试用期限内出现这种停滞或者止步不前的现象，那么，仅仅延长试用期限是不管用的，这可能会导致问题长期存在。最好是联系目标客户的人员进行沟通，并提供现场演示。"听说您在评估我们的试用软件，我想给您现场演示一下，因为有几个功能可能在试用过程中留意不到。"如果给演示找一个理由，那么目标客户现在就有理由跳过试用阶段，直接进入演示环节。

如果目标客户的人员需要阅读大量产品材料，却还没有阅读，那也属于停滞，其购买旅程也无法推进。若销售和营销人员发现了这种情况，并共同出谋划策去解决甚至避免停滞，就会产生更多的转化，从而推动销售进程。

网络研讨会转化的最佳实践

我们在第 5 章讨论了如何让网络研讨会成为吸引销售线索的好工具。现在，我们要讨论的是如何最大限度地提高网络研讨会的转化率。

正如之前所说，你最好自办网络研讨会，这样研讨会的可控性最高。这样做的另一个原因，是可以有效利用网络研讨会的方式开展三个层级的 ABM（一对一、一对少和一对多）。网络研讨会是一个很好的平台，既可以广泛覆盖，也可以很有针对性（你可以为某一客户单独举办一场网络研讨会）。正如我们在第 5 章中所讨论的，通过对内容的微小调整可以使内容适用于不同的用途，网络研讨会也是如此。你也可以创建一个网络研讨会资源库，只需要稍做改动，便可以为不同客户或细分群体所用。

因为 B2B 销售涉及的购买决策者通常非常忙碌，所以采取一定的步骤确保他们报名参加网络研讨会，并参会真正听完所有的内容，非常重要。以下是需要记住的几个要点。

尽可能量化他们能从网络研讨会中获得的信息。有非常多的网络研讨会在标题上没有点明能给参会者带来的好处。网络研讨会的标题应该像"制造业 CRM 五大研究发现：2020 年 5 月更新版"一样，明确量化并且及时更新，而不应使用像"制造业 CRM 趋势"这样笼统的标题。

在网络研讨会开始前发送几轮电子邮件，在邮件中详细描述参会者将从中了解到哪些真正有用的东西。决策者的时间是如此宝贵，他们每天有那么多的事情等待处理，即使在他们报名以后，你也要继续给他们提供参会理由。否则，对于决策者来讲，网络研讨会可能看起来无足轻重。

确保你的网络研讨会技术供应商可以在活动结束后提供分析报告。你应该了解在网络研讨会举办期间,每5分钟参会人数的增减情况,借此来确定人们离开网络研讨会时会议正在讨论的内容。这项分析将有助于你对网络研讨会的不同内容进行测试,然后调整内容,使网络研讨会对那些离会者更具吸引力和说服力。

另外,请你的网络研讨会技术供应商告诉你每位报名者的参会时长。如你所知,ABM看重的是将有针对性的信息发送给目标客户受众。让我们来看一些例子。

(1) A参加了网络研讨会,但5分钟之后就离开了。假设:研讨会主题与A想了解的信息不匹配。联系A进行确认。

(2) B报名参加了网络研讨会,但实际并没有参加。为B提供下次参加网络研讨会的机会。

(3) C参加了网络研讨会,但在CTA前离开。联系C并提供其未参与部分的简要介绍。

(4) D全程参与了网络研讨会,但并未转化。假设:D对网络研讨会的全部内容都很感兴趣,但尚有疑虑未得到解答。联系D并询问是否如此。

除了个性化的后续跟进之外,你还可以考虑在活动结束后发送一些电子邮件,尤其是向那些听完了大部分内容但没有转化的人发送邮件。最好的做法是,根据你的经验,将每封邮件聚焦在一个关键障碍上——该障碍应是在购买旅程的这个阶段通常会出现的障碍。提出并解决该障碍,你就可能把其中一些参会者推进到销售漏斗的下一个阶段。

还有一点：考虑向报了名但未参加会议或参加了但提早离开的人发送一份研讨会内容的文字稿。有些人可能更喜欢按照自己的节奏阅读材料，而不是跟随演讲人的节奏聆听会议。

降低 CTA 门槛

我们将在下一章讨论成交。在这里，我们先要谈谈客户在成交之前发出信号并转化为商机时所做的决策。

如果不需要客户马上采取什么行动，或者采取行动不会有什么重大影响，那么邀请客户人员参与互动并不用费什么力气。他们确实只是受邀观看一次演示，出席一场本地活动，或者参加一场网络研讨会。不过，假设我们只是客户可选的公司之一，而所有这些活动都需要占用客户人员的时间，那情况就有些不同了。

即使面对的只是未知的风险，做决定也常常会让人觉得是在冒险："如果留下了联系方式，我会被销售人员无情地骚扰吗？"

你可以通过以下三种方式减少客户对风险的顾虑。

1. **向客户说明参与之后会发生什么**。"这个演示只需要 25 分钟"，或"这场网络研讨会需要 45 分钟，之后将会有一位高级工程师在线回答问题"。

2. **临近 CTA 时，重申对客户所有隐私的保护说明**。你可能已经在其他地方提供过隐私保护说明，但不要假定客户人员已经读过。在即将呼吁客户人员采取行动时，要确保将隐私保护说明明显地展示给他们看。

3. **用客户证言增强 CTA**。同样，你可能在其他地方也已经展示了客户证言，不过现在临近CTA，客户在考虑是否进入下一个阶段。提供一些客户证言，说明已经有与它们类似的公司对你提供的产品和服务感到满意。当目标客户的人员看到证明材料中列出的公司名和职位与自己匹配时，会特别有效。

说服人们采取行动的另一个重要因素是向客户传递的信息要一致。如果营销团队用一组信息去接触目标客户，但销售人员与客户沟通时有自己的内容，那么潜在客户很容易变得困惑，有困惑的话则不会购买。因此，请花时间确保你在线上和线下渠道传播的内容与销售人员正在向潜在客户传递的信息保持一致。这将有助于加快进程、促成交易，而不是让进程减缓甚至搁置。

案例：铁山公司

铁山公司（Iron Mountain）为几乎所有的《财富》1000强企业提供存储和信息服务，它本身也是一家《财富》1000强企业。

铁山公司的B2B数字营销活动面临以下三个挑战。

（1）如何有效地触达目标客户并吸引它们访问铁山公司网站？

（2）如何在网站上识别目标客户并用相关的内容吸引它们互动？

（3）如何提高转化率？

铁山公司实施了ABM，他们应对挑战的第一步是确定目标客户名单。然后，他们利用广告来触达那些没有访问过铁山公司网站的目标客户，并吸引它们访问网站。一旦目标客户访问了网站，他们便为这些目标客户提供个性化的特定信息。

铁山公司在向某些客户发送这些针对性信息的同时，还进行了A/B

测试。他们可以以此评估不同行业的企业就目标内容的互动程度。

然后，铁山公司通过让访客填写表单来解决转化方面的挑战。他们将表单字段从 16 个减少到 12 个，同时 ABM 可以帮助铁山公司自动获得关于这些客户的更多信息。结果是，访客填写的表单内容减少，但铁山公司获得的信息更多。

因为铁山公司希望同时吸引中小客户和企业级客户，他们很难通过分析工具来确定这些不同的客户群体与网站内容的交互方式有何差异。

为此，铁山公司确立了一系列指标，帮助集客营销团队分析什么内容吸引了各类客户访问网站，如何留住访客产生互动，以及哪些内容对转化最具影响力。

铁山公司的网络营销总监说：“我们的第一次测试针对的是医疗保健行业的客户，结果显示客户互动率提高了 120%。”他接着补充说："在恰当的时间向合适的人展示正确的信息，就会有好的结果。"

铁山公司获得的一些与 ABM 有关的"好结果"包括以下几项。

▷ 金融和银行业客户的互动率提高了 115%
▷ 在获得了更多更丰富的数据的同时，整体转化率提高了 219%
▷ 网页浏览量提高了 78%，参与度提升了 36%

该总监补充道："在过去的一年里，来自网站的销售线索量增长了一倍多。"

成交

我们已成功地将目标名单中的许多客户转化为销售商机。但最终，只有在目标客户向公司下单后,营销团队的工作才能被视为"完成"。

这意味着营销团队必须使出浑身解数来吸引这些潜在客户,与它们进行互动并将其转化为商机。然后,营销团队必须支持销售人员完成订单,从而将其转化为营收。这与前面的步骤一样关键,但我们知道,从传统意义上来说,营销人员并不重视成交这个步骤。这就回到了之前提到的旧模式(见图7-2)。

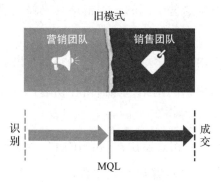

图7-2 营销团队和销售团队"共同"合作的旧模式

在这种模式下,营销人员发掘MQL,然后抛给墙那边的销售人员,这就算完成了工作。与此类似,销售人员认为挖掘客户需求和销售线索不是他们要考虑的问题,那是营销团队的工作。这种"各自为政"的状况在很多公司都是常见现象,但这并不意味着在这样一个系统内工作就不会令人沮丧。

在更精细、更有效的ABM领域,情形则完全不同(见图7-3)。

在ABM模式下,营销与销售两个团队无疑都有各自的角色要扮演,但从确定目标客户名单一直到交易完成的整个过程,两个团队都参与其中。销售团队参与到营销活动的理念确认和信息传递中,营销团队则参与到整个销售过程(一直到合同的签订)中。

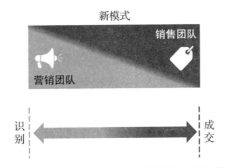

图 7-3 营销团队和销售团队共同合作的新模式

正如我们之前所讨论的，这种协作是通过进行更加积极主动的沟通、调整激励机制、共同设定目标和统一衡量标准来完成的。

为了达成更多的交易，销售人员需要掌握每个客户尽可能多的相关信息。你可以将这些信息分成以下三组。

1. **背景**：这是基本的客户信息，如客户的规模、地理位置和所属行业。它还包括目标客户关键人物的联系方式，如电话号码和电子邮箱等。

2. **行为**：包括客户的网站参与度、网络研讨会和营销活动出席情况、电子书下载等方面的数据。如前所述，对于销售人员来说，有关客户兴趣方面的任何向上或向下的波动都可能是强有力的信号。

3. **洞察**：这组信息已经成为帮助销售人员赢得交易和完成订单的关键工具。真正的洞察与背景和行为不同，因为它是基于非现场行为的信息：客户人员在研究什么，他们感兴趣的是什么？他们浏览的内容中有哪些关键词与你的产品的价值定位相关？有了这些信息，一个优秀的销售代表可以与目标客户进行更切题的对话，并根据目标客户感兴趣的内容定制与该客户的互动计划。

世界一流的营销团队会考虑整个营销和销售流程，并为销售同事提供更多的信息和洞察，以帮助他们完成与目标客户的交易。

~~~

"成交"听起来像是 ABM 的最后一步，但其实 ABM 还有一个重要环节，那就是衡量结果。在下一章中，我们将介绍这个极其重要的 ABM 要素。

ACCOUNT-BASED MARKETING

第 8 章

衡量指标

> ABM 的有效衡量指标应该是什么

你应该还记得，我们在本书前面的章节中说过，ABM 有两个大家需要时刻牢记的核心概念：客户和营收。而 ABM 的第三个核心概念就是衡量指标。

企业应定期对各方面进行评估，这似乎是常识，但是根据我们的经验，常识并不总能落实成惯例。

例如，某些类型的品牌知名度非常难以衡量。你可能投入了六位数甚或以上的预算，让你的品牌标志出现在某个体育中心的外墙上，然后通过电视镜头播放出去。如果你想把这类营销费用与营销结果关联起来,衡量其效果,那么我们只能祝你好运。这并不是说,所有这样的花费都是浪费。或许企业高层做此决策的原因也不甚明朗。只要占营销预算的比例较小,这类费用也可以保留下来。

我们认为,绝大多数的预算应该用于那些营销结果可以衡量、可靠性高的营销方式。

营销归因

都说"邻家芳草绿,别处景更优",但我们还是觉得 B2C 营销同行的工作更容易一些。这里我们是指营销归因这件事,或者说是判断哪些营销行为导致了最终的有效转化。

有些 B2C 销售可能会比较复杂,比如向超级富豪出售湾流喷气式飞机。但大多数消费者在做购买决定时花的时间都比较少,且多为交易型行为。举个例子来说,一家公司投放一轮广告,广告最后留有一个电话号码,通过这个号码呼入的电话,就可以归因到对应的这轮广告。按点击付费的广告也是同样的道理,可通过跳转到某种产品的落地页面来实现营销归因。利用邮件群发促销特定商品,也能实现归因。

然而,B2B 销售的路径往往更加复杂——不仅决策周期更长,而且涉及更多的决策人。我们认为 B2B 买家的实际决策路径看起来像图 8-1 所展示的。

在整个 B2B 销售周期中,各色人员参与其中,在这种情况下,很难确定哪些营销活动以及营销触达最为关键。传统营销中首次或者末次触达的营销归因策略,可能不是衡量 ABM 战略的最佳方法。我们会在后面讨论一些可供选择的工具和软件，但是这里要再次强调本书开篇时就提及的一点：只有在你组建 ABM 团队并进行试点之后，才需要投入经费购买 ABM 工具。

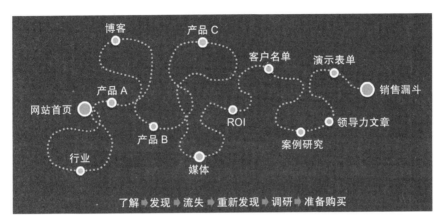

图 8-1　在 B2B 环境中的营销归因更难清晰判断

三级衡量法

众所周知，商业界从来不缺少衡量指标，但是我们发现有效的衡量指标可以归结为三种类型：营收绩效、营销绩效、营销活动和网站指标。接下来，让我们更详细地介绍这些衡量指标。

处于最高级的是对营收绩效的衡量。公司高层以及董事会成员希望知道公司在整体收入、费用支出以及利润方面的实际表现。在这种级别的报告上，不管公司是否采用 ABM，评估点都是类似的：按产品线、地区来衡量营收情况。

他们也想评估业务的运行状况，看是否健康，并在这方面设置尽可能多的优先级指标。从这一方面来衡量，积极采用 ABM 战略的公司和没有采用 ABM 战略的公司会有不同的表现。

营收绩效的三个关键指标是赢单率、平均交易规模和销售漏斗转化速度。采用 ABM 战略的公司，其不同之处在于，通过仔细衡量 ABM 的业务效果，可以对上述指标数据有更深入的了解。在我们看来，采用 ABM 战略的最有效方法是进行试点。通过设定 ABM 的衡量基准线，进行 ABM 项目试点，就有可能对 ABM 战略与传统营销策略各自产生的最终指标结果进行对比。

当试点项目结束之后，随着 ABM 战略应用到更多的地区、产品线和客户身上，这些指标结果的差异将会持续扩大。随着时间的推移，公司能够更深入地了解影响赢单率、平均交易规模和销售漏斗转化速度的因素，而这三个关键指标正是营收绩效的先行指标。

第二级衡量包括所有的营销绩效指标。这些指标分为部门级和团队级，用来评估营销在创造销售商机方面的有效性。首席营销官（CMO）对营销数据的考核会涉及这些指标。

哪种情况看起来更好，是一条线索都没有，还是有 100 条线索？作为营销从业人员，我们本能的第一反应，有可能是错误的。如果这 100 条线索带来的业务微乎其微，或者根本没有一点业务相关性，那么说句实在的，我们还不如躺在床上休息呢。

因此，制定相应的衡量指标，并回答以下问题就显得至关重要：你的营销结果是否达到了营收绩效目标？如果达到了，那就太好了。如果没有，那么需要做哪些改变？

通过使用下列营销绩效指标，你将会对必须变更的事项胸有成竹。

1. 目标客户互动率。这是一个很好的先行指标，可用来检验营销工作是否有效。假设你正在关注某一类特定的客户，那么你应该预料到这个指标会提升。比如，你的试点项目的目标客户名单里有100个潜在目标客户，在试点项目启动的时候，你已经与其中10个客户有互动，那么试点项目目标可以设置为互动客户从10个提升到25个。至于如何定义互动，这取决于你，但是定义的方法应该具有实际意义，能够证明特定客户能从你提供的针对性方案中获益。对于大多数公司来说，这个指标是一个组合数字，包括网站访问量、营销活动参与度，以及与该客户组织内产生互动的联系人数量等。

2. 销售漏斗。这是一个很好的衡量指标，因为这包含从 MQL 中借鉴来的几个步骤，并且必须由销售人员进行确认。销售人员需要配合处理处于开放状态的销售线索。你不仅需要按季度目标衡量整体销售漏斗的状况，还应该按周衡量并进行报告。这样你就能够察觉好的或坏的趋势，并在过程中做出相应的调整。如果数字表现不佳，你可以与销售人员沟通，找到问题所在：也许是因为销售部门目前的 SDR 人手不足，也许是因为营销部门缩减了太多的营销推广项目，又或许是因为营销推广项目产生的销售商机没有达到以往的量级。

3. 销售漏斗中目标客户所占的百分比。这个重要的衡量指标可以帮助你了解 ABM 项目的有效性，帮助你向销售漏斗中导入正确的目标客户。这个指标如果出现问题，则意味着你的目标客户选择有问题，或传递给这些目标客户的信息不匹配。

4. 网站上的目标客户数量。行业的普遍共识是：那些会采购你公司的产品或者服务的客户，通常都会在前期调研时访问你公司的网站。如果你看到这个数字开始呈现下降的趋势，则意味着存在问题。以我们前面提到的有100个目标客户的名单为例，如果开始时这100个目标客户中有25个访问了你公司的网站，但过了一个季度，访问的客户下降到 20 个，这显然是一个不好的信号，意味着你的推广活动是无效的——当务之急是如何扭转这一趋势。

5. **转化率**。如果转化率上升，大体表明你的 ABM 战略以及战术方法正在通往既定目标。如果从 MQL 到 SAL 的转化率从 75% 上升到 85%，这说明你的目标客户名单十分有效。如果销售过程不同阶段的转化率都有提升，表明你的营销项目正向正确的人群传递正确的信息，并且在逐渐推进订单的成功签订。如果这些指标没有上升，你也能知道从哪里着手可以扭转局面。

6. **影响力**。正如我们在本章之初所说，在 B2B 营销领域，营销归因是很难的，因为目标客户在转化为商机的前后会受到很多因素的影响，所以你需要了解的是，究竟哪些营销活动（按照渠道或项目类型、特定的活动策略进行区分）在整体上对销售漏斗的推进以及销售订单进入签约阶段发挥了作用。确定整个流程中最有效的营销环节，同样有助于营销团队将资源和营销触达用在最需要的阶段，帮助完成销售业务。

7. **客户维系和追加销售**。客户受到的关注有时不如从前。覆盖产品使用周期的各个阶段，对客户进行全程追踪，将有助于发现不良或可喜的趋势。例如，购买产品 24 个月后的客户的续约率呈现上升趋势，这种情况值得注意并应进行调查研究，而续约率出现下降趋势同样值得关注。对客户进行持续追踪的终极目标并不仅仅是延续你现有的业务，还应该包括增加你在该公司的业务份额。观察这些趋势，可以发现营销计划对哪些方面有效，以及哪些方面可以改进。

8. **平均商机成本**。对比平均商机成本和商机数量之间的关系是很有用的。如果平均商机成本在下降，而商机数量也在减少，这种情况喜忧参半，需要启动调查，找出原因。我们的目标是在增加商机数量的同时，降低平均商机成本。这样能够体现出触达目标客户并将其推进到销售漏斗的效率和有效性。

市场研究与咨询机构 Forrester 的一项研究发现，全球 77% 的 B2B 营销决策者表示，他们缺乏衡量 ABM 结果的能力，这是最令人担忧的问题。⊖请注意，上面提到的衡量指标不仅可以评估公司 ABM 的健康程度，还可以反映其与销售人员关心的内容是否一致。这些衡量指标中没有一个是单纯为了增加销售线索数量的。当公司不再聚焦于销售线索数量，而是聚焦于目标客户名单，那么过去以销售线索数量为导向的情形，就会被以目标客户的渗透率和互动率等指标为导向的情形所取代。

与销售团队协同配合的另一种方法，是确保营销报告的内容结构与销售团队的组织结构相一致。比方说，一些销售团队是根据产品线组织的，而另一些则是根据客户大小、行业分布或地理位置组织的。报告应当反映特定的销售组织的情况。

第三级衡量体现在最细节之处，即营销活动和网站指标。这些都是营销绩效水平的详细衡量指标，而且这些指标反过来又会影响营收绩效。

与网站流量来源以及网站上的行为有关的指标可能有几十项，包括页面浏览量、跳出率、页面停留时间、新访客数量和回访者数量等。

在第三级衡量中，ABM 与传统衡量方法的不同在于：ABM 持续关注客户和营收这两个核心要素。这意味着，只有针对目标客户的营

⊖ https://go.forrester.com/blogs/6-metrics-that-matter-for-b2b-marketers-and-6-bonus-fun-facts/.

销活动和网站指标才有意义。

这里有一个聚焦目标客户营销的例子。在第 5 章中，我们描述了所做的一个实验，实验结果表明，在我们的网站上有互动的目标客户，在看到"基于目标客户的广告"后，它们转化为商机的比例高达 60%。把广告持续集中投放到有互动的目标客户上，可以产生更多的销售可能性，并直接带来营收。

某全球性 B2B 信息服务公司对 ABM 的评价

与大众营销相反，ABM 奏效的原因在于它的目标明确，是战略层面的营销。我们的销售周期非常长，而这种营销战略（恰好）能够让我们的销售渠道聚焦于最终结果。

——ABM 营销总监

某全球性 B2B 信息服务公司

在制定营销活动和网站指标的过程中，以终为始是一个不错的思路。我们相信你已经在这个层面追踪了很多指标：销售受挫的原因有哪些？哪些是你想要改进的方面？

下一个问题是，你是否有合适的指标来涵盖营销组合中的每一个要素，从而可以衡量其对销售漏斗的贡献？

信号 vs. 噪声

大量噪声的存在是导致网站指标分析失败的典型原因。正如前面提到的，工程师们喜欢谈论信噪比，而你想要的是最清晰的信号，并消除一切干扰。

在网站指标中，你应该过滤掉的噪声是来自你不能也不会对其进行销售的客户对象以及个人的流量：B2C 公司、非目标客户、供应商、公司员工、求职者以及你的亲朋好友。另外一类烦人的干扰是来自机器人（指那些访问你的网站的自动化软件）的流量，有时这类流量还很大。如果你不过滤掉这类噪声的话，它会让你的衡量、分析以及策略完全无效。

了解细分群体的关键

将干扰降到最低后，你应该基于以下类别来细分剩余的访客。

- ▷ 目标客户名单上的潜在客户
- ▷ 重点行业
- ▷ 关键地域
- ▷ 现有客户
- ▷ 历史客户
- ▷ 流失的潜在客户
- ▷ 主要竞争对手

如果没有用这种方式进行细分，你可能会遭遇灯光在眼前突然亮起的状况。你接着会看到某些数字在面前闪现，这些数字跟你原先预想的汇总数据相比，要么过高，要么过低。

完成上面所提到的目标筛选以及细分工作后，如果清楚了问题所在，那么谷歌分析这样的工具能为你提供很多洞察。但是，由于谷歌分析不支持企业客户层级的衡量指标，你最终仍然需要一个基于目标客户的分析引擎来提供客户层级的背景情况。

在进行分析时，你可能会看到来自某一个垂直行业的流量充斥着你的网站，而你之前对此知之甚少；或者随着时间的推移，网页上充斥着人为产生的非目标客户流量。一旦你能够通过时间段的对比对这些流量进行观察，你将获得更深入的了解。

接下来，你肯定想知道什么样的营销推广和活动能够把你关心的受众带到你的网站。下一项分析与行为有关：哪些资料或网页受到了不成比例的关注（过高或过低）？那些你所关心的受众在哪些页面的离开率异常高？

如何对访客在你的网站上的行为进行排序？当你从地域、行业、潜在客户和客户对比等维度进行深度研究时，差异和异常又体现在哪里呢？

有时候，一些公司无法好好利用分析的机会，它们只关注现有客户的行为，而不太关注潜在客户的行为。这种做法是错误的。你应该这样思考：不但要通过当前的销售和营销系统进行客户转化，而且要了解那些同样有可能成交却还未转化的潜在客户的情况。

此时，分析的任务是回答以下问题：这些合格的潜在客户与我们的现有客户到底有什么不同？我们能监测到它们在行为、地域、行业以及其他因素上的差异吗？还有其他因素需要我们去验证吗？

当你完成我们在这里讨论的所有事项之后，在采取任何行动之前，你还有一些重要的事情要做：你需要建立基准线（见图8-2）。

你需要将这个作为关键的第一步、可靠的起点，从而使你能衡量在对分析结论进行研究之后所采取的行动的结果。

一旦有了基准线，你就可以开始思考一系列的诊断型问题，以找到改善的途径。第一个问题（最基本的问题）是："我们的网站是否拥有足够多的目标访客?"

细分	获客	行为	转化
· 来自目标细分群体的访客有多少 · 访客中理想客户的占比是多少	· 哪些渠道目前能吸引目标细分群体 · 吸引目标客户的最佳营销组合是什么	· 目标细分群体的人员浏览了多少高价值网页 · 目标细分群体的人员能多快找到高价值网页	· 目标细分群体的整体转化率是多少 · 目标细分群体访问高价值网页的转化成本是多少

图 8-2 确保建立基准线

如果答案是不够多,那么你的重点应该是吸引这类访客。如果你有足够多的访客,那么下一个问题是:"我关注的这部分细分群体的人员在网站上的参与度是否高?"

现在你又要面临一个选择:如果答案是不高,那么你需要采取提升互动率的办法,例如分析并优化网站上的内容。

将相同的内容通过不同的媒介形式发布,往往可以提高参与度。例如,有些人喜欢阅读,另一些人则喜欢看视频。通过创建一个同样内容的短视频,你就能提高网站的参与度。

参与度低也可能是其他因素造成的,例如网站设计不合理,阻碍了访客参与互动,或者加载时间太长等。

如果参与度足够高,那么下一个问题是:"我的目标客户是否有很高的转化率?"如果转化率不高,则需要采取转化率优化措施。这可能是因为有比例非常高的人群没有填写某个表单字段,或者需要很长时间来填写该字段,或者到了填写该字段时他们就离开了这个页面。在这种情况下，你首先应该考虑是否真的需要该字段，或者给它一个更好的标签（比如可行的密码由哪些部分构成），或者是否可以在销售漏斗的后续阶段再询问该信息。

这并不复杂，这是一种有条不紊、循序渐进的方法，可以帮你确定影响营收的瓶颈所在。一旦你找到了这个瓶颈，并使用适当的方法加以拓宽，你就能进入销售漏斗的下一个阶段。

总而言之，建立以下基准线并定期进行对照判断成效，肯定不会出错的。

短期

- 转化率
- 目标客户参与度
- 目标客户渗透率
- 影响力

中期

- 销售漏斗
- 平均商机成本
- 商机比例（来自目标客户名单中的客户的商机百分比）

长期

- 赢单率
- 平均合同价
- 漏斗转化速度
- 营收

确定目标和激励措施

在建立基准线前后,你就需要确定目标了。

正如衡量指标需要统一,目标也要一致,尤其是营销、销售以及财务/运营团队之间的目标。正如我们多次提到的,MQL 在 ABM 战略中是一个还算可以的衡量指标,前提是 MQL 只是作为营销活动中一个相对次要的里程碑,用来反映营销活动的早期效果。即便如此,销售人员也不会关心这个指标,他们关心的是那些由营销部门送入销售漏斗中的商机。

激励措施是促使人们转向 ABM 思维的核心,因为它将新的营销思维方式与新的获得报酬的方式联系在一起。传统上,对营销部门的激励一般基于 MQL 或其他营销人员完全可以控制的数据。这种自己可控的激励机制看似合乎逻辑又让人感到舒适,但它会在不同部门之间形成隔阂或造成失衡。它可能会导致人们持这样一种态度:"嘿,我们正在达成我们的绩效目标。如果你们达不到,那真是很丢人。"

在 ABM 领域,我们都专注于完成同样的基本目标,尽管不同部门之间可能存在一些相对较小的差异。我们通常会借用图 8-3 中的图形来强调这一点。(感谢马特·海因茨提供此图。⊖)

图 8-3 你不能用 MQL 买啤酒

⊖ https://www.heinzmarketing.com/.

只有与营收转化紧密相关的衡量指标，比如销售漏斗，才能让你有钱购买啤酒（销售人员甚至会请你喝）。当然，营销团队的薪酬结构不会和销售团队的完全一样，但大多数团队可以采取季度性浮动薪酬的激励措施。当营销团队的薪酬激励与更深层次的销售漏斗指标挂钩，甚至与销售商机和公司目标挂钩时，营销团队和销售团队就会朝着同一个方向努力。

基于目标客户的报表仪表盘

在第3章，我们简单提过追踪ABM效果的仪表盘。接下来让我们更详细地看一看基于目标客户的报表仪表盘，如图8-4、图8-5和图8-6所示。这些图表通常都会呈现在同一个页面上，但为了在书中更好地展示它们，我们做了放大处理。它们是用来跟进营销活动成果的仪表盘示例。

在图8-4中，通过主要衡量指标，我们可以看出这次营销活动主要面向哪一细分群体，而图表底部显示了不同类型的客户所产生的商机等信息。

主要衡量指标	
询问数	3 015
全部联系人	1 517
目标联系人	460
全部客户	333
目标客户	135
签约客户	68

图8-4　基于目标客户的报表仪表盘（第一部分）

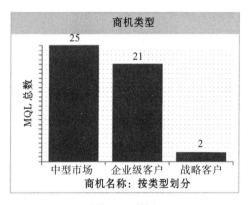

图 8-4 （续）

在图 8-5 中，我们会看到按 SDR 和客户代表（Account Executive，AE）划分的目标客户数量。这是我们前面讨论过的销售赋能的一部分，使销售人员更容易识别客户的活动，并有针对性地采取行动。虽然他们也可以在 CRM 营销活动中按姓名对名单进行排序，但这个报表更加直观，它可以及时提醒销售人员其客户与公司的互动状况。在图 8-5 的底部，我们还列出了已签约客户名单。将通过营销活动产生的付费客户包括在报表中非常重要，这样就能够一直记得这些客户的价值。

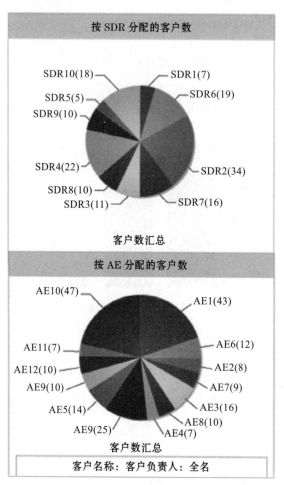

图 8-5 基于目标客户的报表仪表盘（第二部分）

图 8-6 是按客户成功经理划分的客户分布。

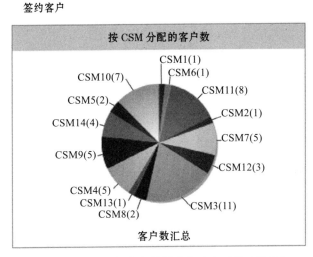

图 8-6　基于目标客户的报表仪表盘（第三部分）

销售漏斗仪表盘

销售漏斗是衡量潜在营收的重要先行指标，需要专门的仪表盘，如图 8-7 和图 8-8 所示。

在图 8-7 中，我们会看到迄今为止销售漏斗的目标和成绩，这些指标会帮你跟进目标的完成情况。关注每周的趋势也很重要：要了解在不同的细分群体中，营销计划在客户购买旅程各个节点的有效程度。销售团队也应以同样的图表形式呈现每周的业务数据。正如我们在整本书中所讨论的，有效的细分可以帮助你发现决定成败的细节，如果只看加总后的数字，你很难发现这些可改进的部分。

在图 8-8 中，我们会看到按营销活动类型分布的销售漏斗情况。在图底部，我们可以一目了然地看到积压待跟进的 MQL 和 SAL。当你聚焦于来自目标客户名单中的高质量线索时，MQL 的数量可能会减少，但你很快就会明白这不是一个问题，因为你的 SAL 以及销售漏斗中的线索总数在增加——这非但不是一个问题，反而意味着一个好消息：你的销售团队将避免在那些永远不会变成买家的线索上浪费时间。

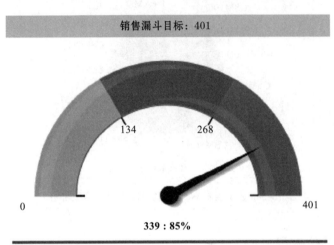

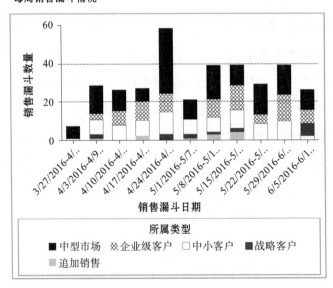

图 8-7　销售漏斗仪表盘（第一部分）

第 8 章 衡量指标 161

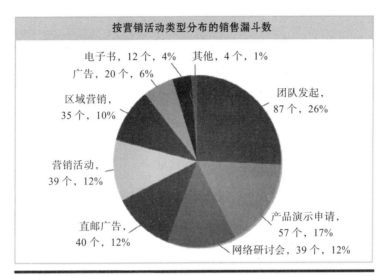

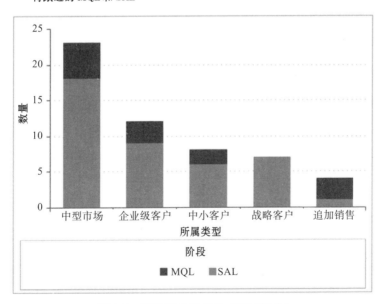

图 8-8 销售漏斗仪表盘（第二部分）

报告营销结果

正如衡量指标要在所有层面保持一致,并且要聚焦于客户和营收一样,你制作的营销结果报告也应如此。

首席营销官级别的高管应持续关注以下指标。

- ▷ 目标客户渗透率
- ▷ 每个目标客户的联系人的平均数量
- ▷ 目标客户在网站流量中所占的百分比
- ▷ 销售漏斗总数
- ▷ 销售漏斗中目标客户所占的百分比
- ▷ 赢单率
- ▷ 平均交易规模
- ▷ 赢单金额
- ▷ 平均商机成本

当然,首席营销官还会查看更详细的报告,但是上述指标可以让人对相关信息一目了然。

对于业务部门来说,报告的内容则应具体到其所负责的业务领域。例如,需求挖掘团队的负责人会查看图8-9所示的内容。

他会希望了解每个营销渠道的运行情况,比如内容聚合、直邮广告等,以及每个营销渠道对MQL和销售漏斗目标的贡献情况。

对于营销项目或营销渠道的负责人,则应查看图8-10所示的详细报告。

负责网络研讨会的营销人员不仅希望看到每场网络研讨会的结果,

还希望知道这些网络研讨会产生的销售线索是如何从 MQL、SAL 进入销售漏斗的,以及最终成功签单的过程。

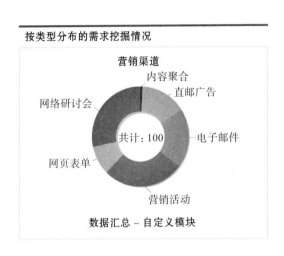
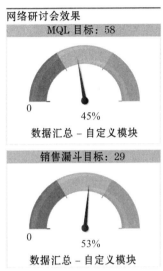

图 8-9　部门级别的预测报表

与我们讨论过的其他报告一样,负责网络研讨会的营销人员可以通过报告了解趋势走向,并将其作为一个先行指标,以便在必要时采取行动纠正趋势走向。

这份报告不仅展示了大量细节信息,还汇总了其他报告里的信息,为网络研讨会负责人提供了一个很好的诊断工具。

例如,有一场网络研讨会的转化率比其他场的低,通过网络研讨会平台的分析工具,他就可以知道这场会议的听众参与度。如果发现在网络研讨会开始后 15 分钟左右,发生大量的下线情况,则转化率较低的原因可能是人们过早地离开了。那么,在第 15 分钟时该网络研讨会讨论的究竟是什么内容,会导致如此大量的参会者离开呢?

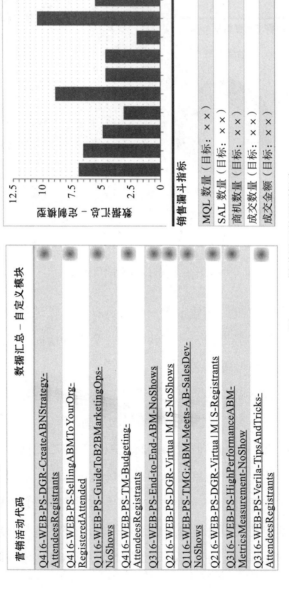

图 8-10 渠道层面的预测报告

让我们再假设另外一种情况：分析表明整场会议的参与人数没有突然下降，互动也很好，但是转化率较低。这可能意味着在网络研讨会结束时提供的报价不合适，或者缺乏销售赋能培训。

这位网络研讨会负责人也可以通过报表发现，真正奏效的会议节点是在 MQL 产生之前还是之后。这些数据将清楚地表明，网络研讨会是否有助于将新的客户和联系人带给销售团队，进而将其转化为销售商机。

即使是对单一渠道中的单个活动进行如此细致的分析，总体理念也是一致的，都要围绕着吸引、互动和转化来进行。

~~~

我们讨论了有关衡量指标、目标和报表的所有细节，最后都集中在一个目的上：了解营销行为如何帮助实现最终的企业目标。只要 ABM 能使企业始终聚焦于客户和营收，就非常成功。

然而，正如你在到目前为止的章节中所看到的，ABM 远不止于此。我们已经讨论了 ABM 的六大支柱，从识别客户一直到衡量结果，接下来，我们将讨论如何以高水准来执行 ABM 战略。

ACCOUNT-BASED MARKETING

第 9 章

规模化推广 ABM

> 如何迅速而审慎地提高 ABM 的推行力度

现在，你已经抵达了一个重要的里程碑：不仅决定尝试 ABM，而且已经开展了试点项目。你经历了各种问题，顺利度过了重大变革的阵痛期。你用了足够长的时间去开展试点，并积累了关于不同类型客户的有用数据。你也领悟到了 ABM 对于企业的意义，包括根据企业规模大小、复杂程度、企业文化和业务模式而采取差异化的方法，使 ABM 在你的企业得以应用。

由衷地祝贺你！我们深切感受到了你所经历的过程，而仅仅开始这个旅程就值得我们击掌庆贺！

你已经可以运用第 8 章谈到的所有衡量指标来评估试点项目的结果。接下来的大问题是：你的试点成功了吗？

如果答案是否定的，那就要深入挖掘并了解不成功的原因。是因为你创建目标客户名单的方式不对吗？如果你重新阅读第 4 章，可能会获得当时并没有的领悟。现在的你可能会明白，可能是因为你的试点项目过大，超出了初始的 ABM 所能承受的范围；或者可能正相反，目标客户群太小，以至于通过试点项目无法形成有意义的结论。

也有可能你的目标客户名单是合适的，但是你没找到一两个不会因为偶尔的挫败或意外而失去耐心的支持者。

我们并不打算列出所有可能的原因，而是建议你自己做出最好的判断，找到你认为与可能会出现的问题有关的章节，并重新阅读相关的步骤。对于我们在书中列出的过程步骤，你大可以放心借鉴，因为这些不仅是我们自己应用 ABM 的总结，也是我们帮助很多公司成功完成 ABM 的智慧结晶。如果你依然不是很确定哪个环节出了问题，那么请联系我们，我们将很乐意帮助你诊断问题所在。

如果你的 ABM 试点项目获得了成功，并在企业内部就实现 ABM 的规模化应用达成了共识，那么接下来的问题就是：该如何规模化推广呢？

明确"规模化"的真正意义非常重要。将 ABM 战略实现规模化应用的方法之一，是将试点项目扩大为企业全员参与的完整的 ABM 项目。规模化也可能意味着要从试点项目推广到其他细分群体。最终，要在企业所有的业务部门、区域、产品线推行 ABM。

需要搞清楚的六个问题

我们稍等片刻再回来谈如何规模化推进 ABM，因为你首先需要理性地思考以下几个问题，来评估你正在哪里和应该走向何处。

1. 你是否取得了积极的成果？

我们之前提到过，但很有必要在这里重申：除非你清楚 ABM 试点效果不佳的问题所在，并知道如何予以解决，否则就不要考虑 ABM 的规模化推广。接着，你应该检验新的战略能否取得更好的效果，然后再思考下一个问题。如果你没找到导致效果不佳的原因就贸然规模化推广，可能会以更大的规模重复同样的错误。

2. 你有可以复制的流程吗？

明确你正在运行哪些流程，以及这些流程是否可以被复制也非常重要。考虑一下你正在开展的项目，有哪些触达了目标客户？同样，在你的客户细分战略里，是否有标准化的细分流程能被其他业务部门或区域效仿？

正如我们之前的建议，如果你的试点项目没有获得完全成功，可以做一个总结，以找出那些导致失败的因素。但我们现在假定你的试点项目大获成功，那么请回顾一下：你因为采取了哪些流程，才取得了令人满意的结果？这些流程是否被记录在案？记录是否完整，是否清晰并易于理解？

在继续进行常规化的跟踪和衡量工作的同时，你要开始考虑规模化的问题，因为规模化也涉及衡量指标。在开始试点项目的时候，我们曾建议你选择那些成功概率更高的细分群体或区域，因为这样你可以把精力集中在少数几个领域。现在也是一样：要根据试点项目中的成功要素，找出合理的推广方向。

相反，如果你在试点过程中有表现不佳的项目，请考虑该项目是否可以挽回，或是否要将它排除在规模化推广之外。例如，可能是因为供应商或合作伙伴不理想，无法满足你对特定项目的 ABM 需求，那么你可以去找一个更好的供应商或合作伙伴一起共事；或者，可能是试点中的其他成员缺乏 ABM 知识。幸运的是，有很多资料可以帮助你团队的其余成员快速了解相关知识并进入状态。其中的一个选择就是将他们送到 Demandbase 进行在线学习和认证，这样他们就能够对成功构建 ABM 战略模块有充分的理解。

3. 你得到组织的认同了吗？

要想成功地获得认同，很重要的是了解你的组织架构，并预估可能会遇到阻力的地方。毫无疑问，并不是每个人都乐意接受 ABM。事实上，你可能在开展试点项目时就遇到过这种情况。提前预估可能会出现的抵制是很现实的，要提前考虑可能会被质疑的原因（即使试点项目已经有了结果，依然会存在一些抵制）。

你应该在与这些质疑者的沟通中充满自信，充分展示 ABM 试点到目前所取得的实际成果。这种自信和积极的态度将在一定程度上为 ABM 定下基调，使许多反对者语气大大缓和或者不再反对。如果你确实遇到了一些反对，那么可以解释说你没有所有问题的答案，当然也无法预见 ABM 针对每一个细分群体、每一个领域的效果，但考虑到迄今为止的成功，这是值得一试的。

一定要强调那些成功的故事，这些故事应尽量源于不同的人。让那些亲身参与了 ABM 试点并取得成功的销售代表用自己的话告诉同事们，为什么 ABM 是可行的。这是一个非常有效的策略。因为销售代表的 DNA 中有与生俱来的竞争性，他们可不想错过别人的成功经验。

4. 你知道从哪里开始规模化推广吗？

在开展规模化推广时，需考虑的最重要的一个因素是基于企业的实际情况，确定最可能取得成功的区域或业务部门。像往常一样，考虑一下你的业务目标，如果你的目标与企业目标能很好地保持一致，那么你将更容易获得管理层的支持。如果将战略目标明确列出，你甚至可能会得到更多的 ABM 预算。

现在来谈谈将 ABM 战略扩展到一个新的区域或业务部门应考虑的因素。你是否拥有一本清晰的实战手册，它足够详细，可以应用到特定的区域或业务部门？人们习惯于认为"我的情况不同"，即使根本不是这样。因此，如果你的实战手册不适用于另一个区域或业务部门，就要做好被人们抵制的准备。想一想怎样调整手册使它拥有更好的普适性，也许只需要修改某些语言描述，就能让实战手册更好地发挥作用。最后，请扪心自问："我是否与企业中的 ABM 支持者们保持了一致？"

在规模化扩展的早期阶段，那些自愿参与 ABM 的人致力于解决问题，多和他们一起工作会节省很多精力，因为他们现在可以看到 ABM 的价值。如果你正在考虑把 ABM 扩展到某个领域，比如说一个部门，想想该部门的哪些人会认同、支持 ABM 战略，在规模化推广战略中，他们将是积极而高效的共事者。如果你想不到任何人，那么从该部门获得 ABM 的资金和资源支持将变得困难，这可能表明目前在该部门还不适合推广 ABM。

你肯定读过很多书，否则我们就不会有这些讨论。这里向你推荐一本好书——杰弗里·摩尔写的《跨越鸿沟》㊀。该书讲述了在尝试推出一项新技术时会遇到的不同人群。摩尔将他们分布在一条钟形曲线上。

（1）**创新者**。这个小团体会积极地寻求创新，不需要对他们做任何的说服工作。

（2）**早期采用者**。这是一个中等规模的群体，这个群体中的人可能不会追求新鲜事物，但他们愿意在早期阶段就去尝试，因为他们相信自己的直觉。

（3）**早期大众**。这是一大群思想开放但务实的人。他们希望看到一些成功应用的证明。在他们采用之前，很多问题已经被解决。

（4）**后期大众**。这也是一个庞大的群体。他们和早期大众一样希望看到成功应用的证明，但有一个方面他们不同于早期大众：他们希望获得大量的支持。因此，他们会等待技术成熟，直到它拥有大规模的、稳定的支持生态系统时才会接受。

（5）**落后者**。只有当没有其他选择，新技术不再新鲜，已经融入日常生活时，这个中等规模的群体才会接受。

当你计划将 ABM 扩展到一个特定的区域或部门时，我们建议你认真地考虑相关人员属于上述哪种类型。你可以通过找出其中的前三种人来提高成功的概率。当你的推广进行到一定程度时，后期大众也会加入进来。至于那些落后者，就不用在意了。

㊀ 该书已由机械工业出版社出版。

5. 你知道它将如何影响预算吗？

你的 ABM 战略可能在试点项目或某个部门运行得很好，但是当你制订规模化推广计划时，请考虑你的预算和营销组合应如何针对不同的业务部门或区域进行调整。当然，你应该知道，无论试点项目多么成功，预算也不会超过需求。你需要先呈现出积极的成果。但如果你没有进行成本核算，他人将很难接受。ROI 报告在这里至关重要：你必须把将 ABM 扩展到一个新部门会产生的成本和效益展示出来。你可以查看第 4 章，了解如何在成本、数量和精度之间进行权衡，以确定你的预算编制原则。

6. 你知道它将如何影响营销团队吗？

对目标客户营销的一个常见误解是，因为其名称包含了"营销"这个词，人们理所当然地认为营销团队应该都能理解得到位，并保持内部协同一致。实际情况却经常并非如此。营销部门有各种职能和管理结构，甚至有不同的目标。因此，需要在整个营销部门中设定 ABM 目标。每个营销职能都应该为 ABM 带来的影响做好准备，每位营销人员也都应该了解要怎么做才能使 ABM 取得成功。

正如我们曾建议你私下对人们进行评估，将他们归入创新者、早期大众等不同的类型一样，你也需要对营销团队的技能进行类似的评估：整个团队是否都做好了准备，有能力专注于目标客户，并将营销活动与营收联系起来？你是否打算改变团队的结构，如果是的话，是否有计划就即将发生的变化与相关人员进行沟通并付诸实施？当你扩展 ABM 时，牵涉到的每个人是否都了解彼此的角色、责任和时间安排？这里有很多需要考虑的因素，为了确保整个营销团队准备好迎接这一变化，必须都妥善处理。

ABM 实战手册非常关键

如果你把上述六个主要问题都解决了，那就具备了很好的条件，可以编制 ABM 规模化推广实战手册了。你确实需要一本实战手册：它可以让人们认同试点。毕竟，即使是落后者也只能耸耸肩而无法提出反对意见，因为试点并不是在他们的领域进行的。此外，他们相信试点肯定会失败。

现在你有了一个可圈可点的成功试点，这让情况开始发生改变。"你是说他们进行的 ABM 试点？你现在想让我们也参与进来吗？"即使你很幸运，能够将 ABM 扩展到一些早期采用者所在的部门，我们建议你还是要考虑变革管理。ABM 实战手册越详细，将 ABM 的思维模式和系统从一个群体推广到另一个群体的过程就会越顺畅。

虽然我们正在讨论如何将成功的试点进行规模化推广，但我们猜想你在还没开始试点之前就已经读完了本书。这非常明智。另一个明智的做法是让你和试点团队执着于一个好的习惯：在进行试点的整个过程中，记录每一件事并归档。当你经历一个类似 ABM 试点这样充满挑战的项目后，很容易忘记每天所做的琐碎之事和决策。如果你只是按照自己的方式进行详细记录，那么这本实战手册远远不够全面。

在做记录时不要担心其可展示性，以后会有时间把它们做得漂亮和有序。把细节记下来，你的手册最终会有让 NASA 都佩服的细节，这会让你的说服工作变得更容易。

假设你已经完成了文档记录工作，接下来就是手册内容的组织和展示了。它应该清楚地展示如何将 ABM 战略推广到不同类型的新业务领域，例如新区域、不同的业务部门等。它还应该定义清楚流程，并为 ABM 领导团队以及营销、销售和运营部门的人员提供他们需要的所有内容，帮助他们复制 ABM 试点的成功。

现在让我们来看看如何赋能这四个团队，以确保 ABM 规模化推广的成功。

赋能 ABM 领导团队

信息透明和沟通顺畅是获得 ABM 领导团队全力支持的关键。思考一下你计划在 ABM 推广团队中分享的报告，确定各业务部门的负责人是否可以拿到这些报告。他们需要阅读这些报告，然后才能支持 ABM 并了解 ABM 战略的推进情况。

有一些负责人可能还想再次查看试点项目中目标客户的相关数据与基准线的对比。正如你在开始试点之前需要建立基准线一样，在另一个区域启动 ABM 之前你需要做同样的事情。你还应该准备好谈一谈 ABM 会如何影响试点项目的营销组合，这样当各位负责人在实行 ABM 时，就能更好地预估可能会发生的事。

要定期举行会议，讨论在新领域启动 ABM 流程的相关议题。提前设定好会议的频次，以及每次会议需要哪些利益相关者参加。尽量提前几周甚至更长的时间锁定日程，否则我们都知道会发生什么：每次会议后核对日程表都会很痛苦，并且很快会出现缺勤问题或需要推迟会议的情况。我们并不需要旷日持久、冗长的会议，而需要定期与必要的人碰面或者召开电话会议。

你可能会每季度召开一次会议来检查目标客户名单的质量，但是应该更频繁地查看绩效指标，具体频率取决于销售周期的长短。如果销售周期是 3～6 个月，那么最好每周开一次会议。如果销售周期只有一两个月，那么可能需要每周开几次会议，以确保及时跟踪绩效情况，并处理全部问题。

赋能营销团队

整个营销团队都应该为 ABM 的成功以及随之而来的一切做好准备。现在他们都要积极地开展这方面的工作，而不仅仅是之前参加试点的人员。

现在可以展示营销组合将如何随着 ABM 的聚焦而发生改变，以及 ABM 与以前的营销方式有什么不同。告诉大家你最初在 ABM 试点中所做的调整，以及随后的全部微调及其背后的原因。这将帮助他们提前做好准备，并因学习到之前的经验教训而做出明智的决定，更快取得成功。

确保所有营销项目中的报表格式都是一致的，这样销售团队就不会感到困惑，不会错过与目标客户进行销售对话的关键机会。从以前的方式向 ABM 转变会带来很大的认知挑战。如果可以标准化，就不要给人们增加额外的负担去解析不同的报表参数。当他们开始关注不同的营销活动及其表现时，前后一致的报表有助于他们建立信心。

创建一个绩效评估仪表盘，将不同的报表组合在一起，人们只需要点击几下就可以轻松访问绩效数据。可以根据你的 ABM 组织策略来设定和更新这些仪表盘，比如按团队、活动、行业、产品、时间段等。这样做的目的是为如今采用新方法来评估业绩的营销人员提供清晰的数据。与销售团队一样，要确保营销团队的重点是触达目标客户，而不再争论 ABM 是否合适。ABM 已经开展过试点并取得了成功，现在应该推广，使其他领域也能收获同样的成功。你的重点工作是去做那些必要的事情，以实现效果最大化。

在这个新的 ABM 推广项目中，你可能需要多次强调，与营销人员关联的销售漏斗指标必须与评估 ABM 战略有效性所使用的指标相同。

为了消除混淆和谣言，营销人员还必须知道其薪酬在 ABM 下是如何计算的，好让他们专注于那些能带来预期结果的指标。

可以通过试点项目取得的成果，向他们展示 ABM 战略是如何影响业绩的，以及他们如何能在自己的领域内完成预期业绩。如果你已经看到赢单率、平均合同金额和商机生成数等指标的大幅增长，请分享这些数据并鼓励他们设定自己的基准线。你甚至可以把你的结果与他们的基准线进行对比，让他们对真正实施全面的 ABM 战略时会发生什么有所了解。

谈到重点的营销活动和客户细分，营销团队中的每个人都需要了解每场活动的业务目标，并使它们与客户细分策略保持一致：哪些细分群体业绩最高？哪些产品需求量最高？营销仪表盘还应该展示当前正在进行的营销活动、即将举办的活动，以及每个活动涉及哪些细分群体。

以上内容需要成为营销团队的共识，并定期更新，这样才能防止某些细分群体被过度营销，从而导致信息疲劳。如果将目标客户名单里的特定细分群体牢记在心，那么它们只会在恰当的时机接收到适合的信息。要确保从目标客户的机构和个人两个维度来验证这一点。比如，你应该向参与活动的客户联系人和没有参与的客户联系人发送不同的信息。你的营销沟通策略对受众的考虑应该细化到与此类似的程度。

赋能销售团队并与其互动

无论你在识别目标客户方面多么有成效，或者在营销活动设计方面多么创新，没有销售团队的支持，ABM战略都无法取得成功。

要确保你和销售团队一起对新项目进行审查。他们认为某个项目会有效果吗？为什么？他们认为某些信息不会得到客户回应？那很好：他们应该帮你找出与他们在市场一线听到的信息更接近的信息。与一线销售人员互动可达成两件事：整体上改善活动的信息传达和执行情况；因为有销售人员的支持而确保活动成功。

"销售赋能"传统上是产品营销团队的工作，涉及撰写介绍材料、解答常见问题、竞争分析以及交付给销售团队的其他资料。

在ABM领域，有时每个人都需要戴一顶"销售赋能"的帽子，因为这种赋能必须比以前更深入细节。销售人员不仅需要宣传资料，还需要了解背景信息。如果你最近筹备了一个营销活动，那么你的销售赋能工作就是将整个活动背景写下来：你需要解释为什么筹备这个活动；这是个什么样的活动；你希望销售人员下一步采取什么行动；有什么好的电话脚本和电子邮件模板；如果这些脚本或模板有些特殊，那么需要解释为什么这样表述；活动后的跟进动作是什么；等等。

如果你希望销售人员积极参与到项目中，那么必须向他们提供这样详细的信息，以及他们要达到你的要求所需的所有支持。你还需要提供你的业务目标和衡量指标，因为这些与你们共同的目标客户密切相关。

当销售赋能没有实现

在近期的一次ABM会议上，杰西卡和一个名叫乔治的参会者算起了账。乔治谈到最近在一个直邮广告活动上花了 5 万美元，结果却几乎没有带来任何营收。他认为这是因为一线的销售团队没有重视这次直邮广告活动的客户名单，而他自己在后方也没有花时间做好销售赋能。

乔治说他现在明白了他所在的营销部门当时的实际想法是："我们将要通过直邮广告活动来做 ABM 了，销售人员会喜欢这种方式的。"但是销售人员从来没有检查过这份直邮广告活动的客户名单，所以他们不会为此投入精力。销售线索只是出现在 CRM 中，他们不知道该如何处理。

销售人员对此的反应是："你们把所有的客户整理到一张表上非常好，但它们不是我们关注的客户。"

用销售的语言和术语为销售人员提供支持至关重要。例如，将一个庞大的数据库交给销售人员，并对他们说："这里面有关于下一场活动的所有信息，你需要知道的都在这里。"这对销售人员来说毫无帮助，只会让他们感到头痛。

在 Demandbase 公司，我们开发了一个叫作"营销中心"的内网系统，以销售人员希望看到的方式对资料和活动进行了整理。我们知道什么是销售人员喜欢的方式，是因为我们之前询问过。你可以在图 9-1 中看到"营销中心"的一级菜单。

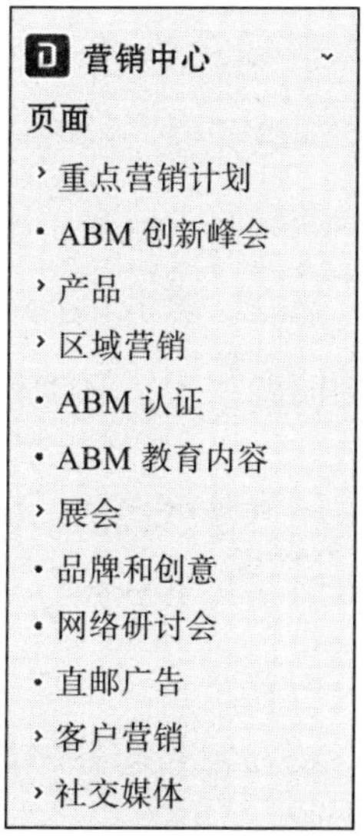

每个菜单项下都有非常详细的子菜

营销中心

页面
- 重点营销计划
- ABM 创新峰会
- 产品
- 区域营销
- ABM 认证
- ABM 教育内容
- 展会
- 品牌和创意
- 网络研讨会
- 直邮广告
- 客户营销
- 社交媒体

图 9-1 "营销中心"包含销售与营销团队合作开展活动需要的所有内容

单。例如,我们的销售代表可能会想:"哦,我知道即将举办一个晚餐会。我需要一个电子邮件模板。"在过去,这位销售代表会联系我们索要模板,而我们会说:"去年 4 月就给你发过了。"销售代表则说:"是的,但我找不到了。你能再发一次吗?"这种双输的局面已经被一个双赢的局面所取代:销售人员只要动动手指就能获得当前所有活动的信息,无论是线上活动还是线下活动。

顺便说一下,在"营销中心"的设计初期,有人认为应该按照营销职能来布局。毕竟,它被称为"营销中心"。这意味着,例如,要进入"数字营销"才能找到网络研讨会的内容,这里有网络研讨会的目录。而通过 ABM 的视角(意味着与销售团队密切协作),很快就会发现,很明显这样的架构和销售人员看待事物的角度不一样。销售人员会想:"网络研讨会在哪里?"因此,现在它就在"网络研讨会"板块下。这只是一个很小的区别,但随着时间的推移,我们发现这类细小的差异积少成多,给我们的销售赋能方式带来了很大的改变。

现在,当我们向"营销中心"添加营销活动资料时,就会查看下面的问题列表,以确保我们涵盖了所有基本内容。

▷ 本次营销活动的目标是什么
▷ 本次营销活动面向哪些目标客户
▷ 接下来营销部门会开展什么行动(需提供所有材料的链接)
▷ 一张与所有营销活动有关的日程安排表
▷ 与本次营销活动相关的所有网页链接
▷ 销售团队的期望是什么
▷ 无论是在营销活动前还是在营销活动后的跟进中,销售人员可

以利用的核心信息是什么（换句话说，他们采取的行动虽然不属于营销活动本身，但还是会与营销活动传达的信息保持一致）

如果是一场活动，则要考虑以下内容。

▷ 活动结束后要唤起的主要行动是什么
▷ 活动地点和场馆照片
▷ 活动演讲嘉宾是谁，议程是什么
▷ 销售可用的促销代码
▷ 针对出席活动的客户的营收目标或销售漏斗目标
▷ 整个营销活动的 SQL、SAL、销售漏斗目标

我们发现，这个简单的列表不仅可以更快地帮销售人员整理好一套完整的活动信息，而且可以减少反反复复沟通的成本。以前，销售人员常问："嘿，活动地址是什么？"然后营销人员说："哦，对不起，马上发给你。"

销售赋能支持并不仅仅是提供营销资料，销售人员还需要相应的报表和仪表盘支持，以确保他们走在通往成功的路上。这包括营销活动计划、月度和季度绩效、销售漏斗仪表盘，以及营销部门的活动优先级建议。我们在第 8 章讨论营销活动仪表盘时讨论过这一点。

归根结底就是要不断地问自己："我们是否提供了销售部门需要的所有信息，以便他们达到营销部门的要求？鉴于我们总体目标一致，营销部门还能做些什么来帮助销售部门呢？"你可能会要求销售人员推动一定数量的客户报名参加活动，但如果他们并不完全了解这次营销活动的内容、目标和要求，就几乎不可能达成你的期望。销售工作本

来就很辛苦，就不要再用这些不清晰的目标和细节或零乱的营销活动资料来添乱了。

赋能运营团队

到目前为止，我们主要讨论的是销售和营销团队的紧密合作对ABM战略的成功至关重要。而另一个非常重要的合作伙伴是运营团队，它就像防护栏一样，确保每个人都朝着正确的方向前进。运营团队通过一系列报表和仪表盘来帮助营销和销售团队持续聚焦于ABM的主要目标。

他们还不断地提供数据来丰富目标客户名单的信息，在创建和维护目标客户名单方面发挥着重要作用。他们组织协调营销和销售团队共同对目标客户名单进行更新，并负责制定和执行对该名单进行更新所应遵循的流程。最后，运营团队会在你采用的营销技术中设置触发器，以跟踪目标客户名单的状态。他们会使识别目标客户和从CRM中提取相关报告变得简单，以便评估和使用目标客户名单。

此外，运营团队还会负责技术组合。他们的责任是根据目标客户的情况调整现有技术，使其能够正确执行ABM战略，并评估和实施有助于实现营销目标的新技术。因此，在对ABM进行规模化推广的过程中，要确保运营团队参与到有关监测和报表的讨论中来。

随着ABM的规模化推广，你需要在企业内部与一些处于新的业务领域的部门或团队合作，比如一个新增的业务单元或区域，这时就需要考虑调整销售漏斗和整体模式。你要问自己："为了业务增长，本季度、下一季度和未来一年我们需要做什么？"当然，你会像以前一样监控赢单率、平均合同金额和销售漏斗中的线索的增加情况，而另一个衡量指标则是不同时段的订单目标。

随着参与 ABM 的团队及其成员不断增加，现在是时候确定不同的团队该如何衡量绩效了。当然，到了这时候，他们不应该把注意力集中在销售线索的数量和其他类似的旧的衡量指标上。事实上，当人们越来越习惯 ABM 的衡量方式，当团队做出调整以反映 ABM 规模化的实际情况时，也会出现一些激烈的讨论。举个例子，如果在一个不同的业务部门推广 ABM，那么其营销组合可能会发生变化，有一些试点项目没有涵盖的渠道也会增加进来。在调整过程的最后，大家需要就什么是"成功"达成共识。

为 ABM 争取预算的五种方法

预算可能有点像远洋航行的船只：它们有时很大，而一旦开始航行，就很难改变它们的方向和势头。在本书前面的部分，当讨论如何为 ABM 试点项目争取预算时，我们提到行之有效的方法是借用一些资源。也就是说，对于相对较小的试点项目，尽量不走正式的预算审批流程，而是尽可能地从别的项目借力。

如今你已完成试点项目，正在努力推广 ABM，预算就成了一个更加复杂的问题。一方面，你的试点项目获得了不错的客观指标，这非常具有说服力。另一方面，如果没有较长时间的 ROI 记录，并且你要对其进行推广的部门之前没有做过 ABM，那么要获得一大笔预算还是非常具有挑战性的。该领域的销售周期也可能比你在试点项目中遇到的要长，这会进一步增加难度。

幸运的是，我们已经看到 ABM 在许多组织中得以实施，包括我们所在的 Demandbase 公司。我们提出如下五种方法，可以帮你更容易争取到 ABM 预算。

方法一：获得上级下拨的预算

虽然情况并非总是如此，但有时也有可能在较早的时候就直接获得了专门的 ABM 预算。这意味着你不仅获得了高层的认可来实施 ABM，而且还有专门的资金。毕竟，ABM 并不是从公司主营业务中剥离出来的次要活动，而是加速业务发展的核心。无论如何，如果你在早期就获得了这样的预算，那你是幸运的。

即使有了这样的支持，你也需要仔细考虑现有的 ABM 的流程和支持工具。你的 CRM 设置是否与 ABM 所需的细节程度相匹配？你的营销自动化系统怎么样？在检查你将需要的报表和仪表盘时，要全面彻底，以便跟踪你的目标完成情况，为从现在起 6～12 个月内这项支出的 ROI 提供证明。

方法二：利用好用于创新的预算

虽然营销预算可能比销售预算多，但传统上许多预算都被用于需求挖掘。因此，大多数营销人员在预算中只有一点点的自由度，通常都将预算用于测试新的营销方式或方法。当然，这些预算的金额差别很大。我们在自己公司内部和客户那里看到的情况是，可用于营销技术的预算大约占全部营销预算的 10%。

这里有一个问题与我们讨论过的销售漏斗底部指标有关，比如平均合同金额、赢单率和漏斗速度。它们可能是衡量成功的极好的指标，但需要时间积累大量的数据。因此，销售漏斗顶部的一些指标很重要，它们可以让你更快知道是否走在正确的道路上。

方法三：与其他团队合作

有一些营销人员已经成功地获得了其他团队的预算援助，例如销售团队。在采用 ABM 之前，很难想象这类事情会成功。但在此刻，在试点项目已经成功，推广 ABM 可能获得更大成功的时间节点，这样的预算援助请求更有可能获得通过（尤其是在各团队已经建立起对客户和营收的共同关注的情况下）。

销售团队总是有一些预算来支持他们的技术需求，如 CRM 或销售支持工具。值得一提的是，你为推行 ABM 而投资的工具，也将为销售团队提供各种有用的洞察。例如，他们将深入了解匿名买家的活动、潜在客户对特定产品的兴趣，甚至更深入地了解那些停滞的交易。当然，如果营销团队最终得到了销售团队的预算支持，他们需要努力工作来展示这项投资的双赢结果，这是非常重要的。

方法四：从其他项目分一杯羹

这种方法不仅在试点阶段可行，在 ABM 推广阶段也可行。如果你正在重新设计网站，自然要确保这项工作从 ABM 思维中获益：你要查看重新设计网站的团队是否采用了客户级别的数据来改进设计。他们还应该考虑添加一个网站个性化工具，以获得网站访问时长、访问的页面数量、互动次数、表单转化等指标的数据，或按某些客户或细分群体统计的特定内容下载量等。

你要确保最终能够将这些体现个性化效果的指标数据与常规的、非个性化的网站数据进行比较。这不仅可以证明预算的合理性，还可能赢得更多的预算用于扩大活动范围。当然，当你再次扩大 ABM 规模，将其推广到其他业务部门或区域的时候，这也会让你有更充分的理由获得 ABM 预算。

构建营销自动化系统的开支对于营销人员来说非常大。如果你需要按照更好的客户中心导向重新配置营销自动化系统，或增加其他的 ABM 功能，有一些工具可以帮助你实现这一点。因此，营销自动化系统的相关项目可能是另一个你可以为 ABM 争取到一些必要预算的地方。

请记住，你可以分阶段地申请预算，从某一个方面或某一个细分群体开始。一旦你获得业绩数据，就可以开始扩大规模。

方法五：改变现有计划的预算或进行重新分配

正如我们在第 5 章中所讨论的，在将目标客户作为新的聚焦点之后，你一定会调整营销组合。出于同样的原因，许多营销人员采取的方法是通过按 ABM 思维重新分配资金来获得预算。这种方法对于较小的试点项目可能不太可行，但现在既然正在扩大规模，那么改变相关的预算列支项目就有了更多的理由。因为现在实施 ABM 的规模非常大，这些节省下来的预算就更有意义了。

改变或者重新分配预算的关键是准确地分辨出哪些列支项目有效，哪些无效。为此，要将当前预算涉及的项目罗列出来，按支出多少对这些项目进行排序，并仔细查看每个项目触达目标客户的可能性。对于那些 ROI 较低或与目标客户互动较少的项目，你可以把相应的资金暂时分配给以 ABM 为主的项目。我们之所以说"暂时",是因为如果你将这个决定作为检验重新分配是否合理的测试,而不是作为一个板上钉钉的预算决定,你所面临的压力会少一些。

协同

协同(Orchestration)是一个营销流行词,但与一些稍纵即逝的流行词不同,协同对于确保 ABM 在组织中顺畅运行非常重要。尽管协同并不是 ABM 战略推广行动所独有的,但如果没有适当的协同机制,你会发现任何推广工作都会困难得多。

Orchestration 原意为编曲,但也许它应该被称为编舞,因为就像一个舞蹈表演一样,协同时,每个元素需要不断地对照其他元素进行定位。我们所指的协同是跨渠道和跨团队的紧密跟踪和协调活动。

有时候描述某件事的最好方法是举例说明缺少它时会导致的情况。在杰西卡职业生涯的早期,她在一家电话会议公司工作。该公司是本地化部署方案的领导者,但竞争对手通过提供云托管解决方案开始夺取其市场份额。

杰西卡的公司开发了一个基于 SaaS 的强大的解决方案,这将助他们夺回部分市场份额。他们策划了一场综合的营销推广活动,涉及网页、电子邮件、广告等。

他们点击"开始",第一条推广信息就被发送给数据库中的每个人。这个高光时刻持续了大约 5 分钟,直到第一个电话打进来。这是第一个电话,后面还有很多销售代表打电话过来说(难听的话我们就不提了):"你们刚才做了什么?我刚从我的客户那里听说这事。他们本来已经拿到我们的合同，正准备签字，现在这个单子又要拖延好几个月了，因为他们需要评估是采用本地化部署方案还是基于 SaaS 的方案！唉，而且现在他们要考虑所有其他能提供 SaaS 方案的竞争对手了！"

这就是缺少协同导致的情况。当然，销售人员知道这个产品，他们也知道我们要开展一个产品发布活动，但没人提出："嘿，我们该怎么面对已经在销售流程中的客户呢？"

协同可以确保你与销售团队的信息保持一致。它不断地提醒你，如果你的信息与销售团队传达的不同，你就不要把这个信息发布到所有市场或相关的目标客户细分群体处。让如此分散又数量众多的人群做到高度协同很麻烦吧？是的，但没有协同的话，拾起这些信息片段会更费劲、更痛苦且获利更少。

协同的另一面：销售与 CRM

正如营销部门必须花时间和精力与销售部门保持信息同步一样，在新的 ABM 领域里，销售部门也必须提高其能力。我们指的是运用 CRM 的能力，或者说充分运用 CRM 的能力。

CRM 系统的好坏取决于其中信息的优劣。长期存在的问题是，销售代表在更新 CRM 系统以反映客户当前的状态方面是参差不齐的。他们的想法是："听着，我的工作是了解我的客户，光是盯住我的客户就已经很难了。我可没有时间做笔头工作，虽然后面办公室的人希望记录是完整的。你是想让我写报告还是去结单？"

在 ABM 领域，这样做是行不通的。ABM 是一项团队运动，只能依靠团队合作获得成功。据我们所知，销售部门的领导层一直试图让销售人员更新 CRM 系统，这样做的结果好坏参半。而 ABM 提供了另一个理由，这样销售部门的领导层就可以说，"嘿，不仅是我们需要大家更新 CRM 系统，获得本月、本季度的业绩报告，营销部门也非常需要你们更新 CRM 系统。这将使他们开展的营销计划与你们在销售周期中的进展保持协同。这就可以帮助你们达成更多交易"。

~~~

到现在为止，你已经完成了 ABM 试点，建立了 ABM 流程并将其记录在案。运用 ABM 推广实战手册，你的规模化推广会进一步加速。现在该讨论为 ABM 添加哪些技术选项了，这可以在提高你的盈利能力的同时，让你的工作变得更容易。

ACCOUNT-BASED MARKETING

第 10 章

利用技术提升 ABM

> 如何选择合适的技术来发挥
> ABM 战略的最大效力

到目前为止，我们希望已经彻底证明了：ABM 战略不是通过购买技术就可以实现的。如果拥有了技术但没有适当的战略，那么你将无法为你的技术明确设定目标或用例，甚至无法证明其 ROI。

与此同时，我们意识到，当你看到本章是关于为 ABM 添加技术的时候，内心深处可能会有声音说："不要再增加技术了！我们已经被现有的技术淹没了！我们甚至还未有效利用现有的技术，更不要说再添加新技术了。"

在某种意义上，我们同意你的心声，因为这里有两个数字：17 和

6800。平均而言，一家 B2B 公司的技术堆栈包括 17 种应用程序，⊖现在市场上的营销技术超过 6800 种。㊁观看产品演示然后开支票购买营销技术可以非常快速，但要有条不紊地将业务需求和合适的技术匹配起来，却是缓慢又困难重重的，尤其是当你可选择的技术有成千上万种时。

更有趣的是，你不能完全丢掉现有的技术堆栈重新开始，而是需要在保持业务开放运行的同时，尽可能无缝地添加新技术。

因此，最根本的问题是：你的 ABM 战略是否已经为采用更多的技术做好了准备？

识别当前的痛点

你需要做的第一件事就是评估在试点项目中采用的技术是否好用。在创建目标客户名单时，如果在客户筛选阶段就发现集成数据源非常痛苦，那就请记下该痛点。

还有什么任务完成起来非常困难，但是有了技术支持会大大受益呢？举例来说，在销售和营销团队之间协同衡量指标的重要工作最好由人来完成，但诸如报表之类的事情呢？在多个系统中埋头收集同一批客户在同一阶段的数据，会不会太痛苦了？这是另一个需要记下来的痛点。请你想想还有没有其他的痛点，比如归因困难等。

这是一个重要的步骤，因为增加新技术的预算有限。通过确定试点项目中出现的痛点或困难，你将能够扎实地完成如下三件事。

⊖ http://go.radius.com/rs/radius/images/The-Guide-to-the-Marketing-Technology-Landscape.pdf.

㊁ https://chiefmartec.com/2018/04/marketing-technology-landscapesupergraphic-2018/.

▷ 可以为你提供使用技术手段解决现存痛点的业务实例

▷ 了解这些痛点可以更好地为新采用的技术设定目标

▷ 由于你在试点项目中吃了不少苦头才完成了那些任务，所以现在可以在部署技术后更好地计算它的 ROI

现在你已经确定了主要的痛点，所以是时候去了解那 6800 多种营销技术的用途，同时使自己保持头脑清醒了。

ABM 技术堆栈

在 Demandbase，我们一直在思考怎样优化 ABM，所以我们挽起衣袖一起努力，将所有的技术方案整理成逻辑清晰的分类系统，如图 10-1 所示。

现在让我们看一下 ABM 技术堆栈的五个主要领域，包括它们涵盖的内容以及受益者。

基础架构技术

如何跟踪和执行你的 ABM 战略？

基础架构技术主要包括如下系列工具。

▷ 活动与自动化软件

▷ 协同

▷ CRM

▷ 营销自动化系统（MAS）

▷ 数据管理平台（DMP）

▷ 内容管理系统（CMS）

▷ 标签管理

▷ 在线聊天

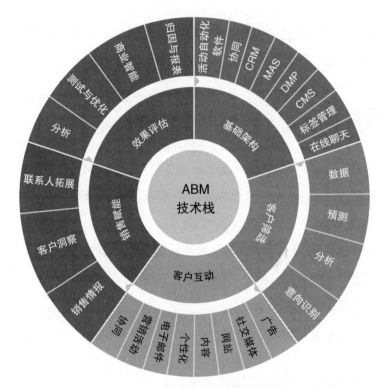

图 10-1　如何考虑 ABM 的技术堆栈

当然，很可能你的组织已经拥有其中的一项或多项技术。尤其是 CRM 和 MAS，更是任何一家从事 B2B 业务的公司必有的核心技术——无论它们是否已采用 ABM 战略。其他的，如标签管理系统，则更为专业。

对于我们来说，尝试列出哪些公司提供什么解决方案是没有意义的，因为这每天都在变化。我们也不可能在本书中具体说明你是否真正需要类似于标签管理或协同合作的技术。你可能已经拥有了一些技术，并且可能也不会因为缺少某些技术而感到头疼。

这就是为什么确定你的技术痛点是首要任务，这样你就可以拿着一份"技术采购清单"来解决这些痛点。通常，基础架构技术可帮助你完成以下任务。

▷ 确定销售线索的分配路径和优先次序
▷ 形成客户报表
▷ 制定客户决策
▷ 清洗数据

在考虑是否往技术堆栈里增添技术时，把受其影响最大的人（图 10-2 中深色背景所示）聚在一起，听取他们的意见非常重要。这样，你就可以提炼出大家共同的需求，找出那些你希望通过技术来解决的痛点。

受影响的人员：

营销运营人员	销售运营人员	需求挖掘经理	销售/ 业务拓展代表
活动经理	区域营销人员	网站经理	内容经理
社交媒体经理	创意/设计师	企业内部的 广告采购人员	销售赋能人员

图 10-2 聚集相关人员进行讨论以确定基础架构技术需求

在基础架构技术选型时应该考虑的因素如下所示。

▷ 确保正在考虑添加的任一技术都能与现有的 CRM 和 MAS 集

成，否则很可能不会成功
▷ 确保该技术能与 Slack 和 LinkedIn 等其他常用系统集成也很重要

客户筛选技术

如何获得正确的目标客户名单？

在筛选客户时，你主要有以下类别的工具。

▷ 基于数据的工具
▷ 预测和意向识别工具
▷ 基于分析的工具

根据我们的经验，"如何获得正确的目标客户名单"是很多企业在实施 ABM 战略时遇到的最大困难之一。在第 4 章中，我们不仅讨论了目标客户名单对 ABM 成功的重要性，还讨论了如何谨慎地创建目标客户名单。

许多企业即便没有采用 ABM 战略，也拥有相对完善的基础架构技术，但是我们看到几乎所有没有采用 ABM 的企业的客户筛选技术都不太成熟。

成熟的客户筛选技术有助于应对以下挑战。

▷ 使目标客户识别过程得到有效扩展
▷ 使目标客户名单不断更新
▷ 将数据与目标客户的定性实践知识相结合

在图 10-3 中，你可以看到哪些角色受客户筛选技术的影响最大

(背景为深色），你应该与他们一起探讨需要增添的技术。

受影响的人员：			
营销运营人员	销售运营人员	需求挖掘经理	销售/ 业务拓展代表
活动经理	区域营销人员	网站经理	内容经理
社交媒体经理	创意/设计师	企业内部的 广告采购人员	销售赋能人员

图 10-3　应该与相关人员讨论客户筛选技术需求

在进行客户筛选技术选型时应该考虑的因素如下所示。

▷ 该供应商是否可以帮助我们根据各种数据来识别客户，这些数据包括企业统计资料、客户行为数据和购买意向信号等

▷ 该供应商能否不局限于公司层面的企业统计资料，让我们可以更进一步了解关键客户的购买决策者

▷ 该供应商是否可以支持快速、自助式安装及运行

▷ 该供应商是否可以帮助我们对现有客户进行评分、排名并提供洞察

▷ 该供应商是否可以帮助我们识别现有 CRM 系统数据之外的客户

▷ 该供应商的技术是否可以完整、透明地提供每个客户被选入目标客户名单的原因

▷ 该供应商是否可以利用人工智能（AI）技术帮助我们实时识别客户的购买信号

▷ 该供应商是否可以帮助我们利用目标客户名单直接激活营销渠道

▷ 该供应商能否帮助我们根据客户名单和过滤后的客户名单直接创建广告营销活动

▷ 该供应商是否可以帮助我们根据筛选客户时确定的细分市场推动网站定制化

▷ 该供应商是否可以帮助我们根据筛选后的客户为销售人员提供智能情报提醒

客户互动技术

如何将相关信息传达给目标客户？

在当前大量的营销技术中，这方面的技术最多，可以分为以下几个主要类型。

▷ 广告
▷ 社交媒体
▷ 网站
▷ 内容
▷ 个性化
▷ 电子邮件
▷ 营销活动
▷ 协同

我想再次强调，几乎所有企业的技术堆栈里都会包含上述的某些类型。有些企业在类似社交媒体这样的一个领域内甚至会有多个技术平台。由于已经有了这么多工具，我们常常会遇到消极的回应："我们已经有好几个与内容相关的工具了，不需要再添加新的了。"我们认为，在考虑这些技术时更好的方法是问："哪些技术真正有助于我们开展与 ABM 相关的活动，而不是那些专注于销售线索数量的老方法？"也有可能你没有充分利用现有的客户互动技术来支持 ABM，因此这值得仔细探究。

以 ABM 为重点的客户互动技术有助于应对以下挑战。

▷ 无法准确触达目标客户
▷ 无法向最有价值的细分群体发送有针对性的消息
▷ 经费浪费在没有购买意向的客户身上
▷ 无法跨渠道管理营销计划

当你对这些技术进行评估时，要准备好和众多利益相关者（图 10-4 深色背景所示）多次召开会议进行讨论。

受影响的人员：

营销运营人员	销售运营人员	需求挖掘经理	销售 / 业务拓展代表
活动经理	区域营销人员	网站经理	内容经理
社交媒体经理	创意 / 设计师	企业内部的广告采购人员	销售赋能人员

图 10-4　需要众多利益相关者提供与客户互动技术相关的意见

在进行客户互动技术选型时应该考虑的因素如下所示。

▷ 该供应商的技术是否支持针对重点客户及其采购决策者举办活动
▷ 该供应商的技术是否支持通过白名单等机制保护品牌安全

- 该供应商的技术是否在白名单方面具有足够的透明度
- 该供应商的技术是否支持提供域层级（Domain Level）的活动投放报告
- 该供应商的技术是否在目标数据、数据来源、数据导出方式等方面具有足够的透明度
- 该供应商的技术是否允许以匿名方式投放个性化广告
- 该供应商的技术在曝光度方面是否支持根据公司、行业及其他属性实现动态广告创意
- 该供应商的技术是否可以让你使用 IP 地址、Cookie 和第一手数据的组合来提供有针对性的个性化广告
- 该供应商的技术是否支持使用 B2B 指标编制活动报告
- 该供应商的技术是否支持通过收集基准线数据或使用对照组来衡量广告的增量效应
- 该供应商的技术是否支持识别匿名访客
- 该供应商的技术是否支持利用 AI 技术为每个网站访客推荐个性化内容
- 该供应商的技术是否可以让你为已知和未知的访客构建定制的个性化体验
- 该供应商的技术是否支持与 CMS、A/B 测试等相关技术的集成
- 该供应商的技术是否可以在一个网页上实现标题、内容、CTA 和推广的个性化
- 该供应商的技术是否支持跨渠道管理你的营销计划、细分群体和相关信息

当然，即便我们只拥有上述的部分技术功能，ABM 也能够取得成功，但这些构成了最完整的客户互动功能组合。

销售赋能技术

营销团队已经完成了他们的工作。如何确保销售团队顺利跨过终点线？

销售赋能技术是营销与销售之间的重要连接。营销团队通过锁定目标、个性化营销和客户互动打开了销售之门，现在必须把所有的信息和相关情况提供给销售团队，由他们完成交易。

销售赋能技术可分为如下几个类型。

▷ 销售情报技术

▷ 客户洞察技术

▷ 联系人拓展技术

当你发现有许多销售线索没人跟进或未被转化为商机时，这些技术将变得非常有用。鉴于营销和销售团队已就目标客户名单达成一致，缺乏跟进不应该是关注的目标客户不对。原因可能是我们在第 9 章中讨论过的：缺乏对营销活动细节的紧密沟通。

销售赋能技术将有助于提醒销售人员：目标客户正在访问某些页面或下载材料。这将向销售人员提供其重点客户的实时购买信号。

图 10-5 中深色背景的人员应该参与评估销售赋能技术。

在进行销售赋能技术选型时应该考虑的因素如下所示。

▷ 该供应商的技术是否可以通过多种方式为销售团队提供洞察，

它可以按特定路径发送信息吗

▷ 该供应商的技术是否可以将数据导入 CRM 系统

▷ 该供应商是否可以告诉你数据是如何采集的，以及数据源的更新频率

▷ 该供应商的技术是否可以利用 AI 技术力量来实现人工方法无法企及的大数据量和更深的洞察

受影响的人员：

营销运营人员	销售运营人员	需求挖掘经理	销售/业务拓展代表
活动经理	区域营销人员	网站经理	内容经理
社交媒体经理	创意/设计师	企业内部的广告采购人员	销售赋能人员

图 10-5　图中背景为深色的人员对评估销售赋能技术非常重要

采用这种方法，在没有大量投资的情况下，销售赋能也可以取得重大进展，如我们在第 9 章所描述的，搭建类似"营销中心"这样的内网就可以实现销售赋能。关键不在于采用哪些技术解决这个问题，而在于应该专注于为销售团队提供每个营销活动的完整内容和背景情况。

效果评估技术

你怎么知道什么可行，什么不可行？下一步又该做什么？

不用说，我们知道每个企业都会做大量的评估工作，但 ABM 战略的评估指标具有更细的颗粒度。

这些支持 ABM 的效果评估技术包括以下几项。

▷ 分析
▷ 测试与优化
▷ 商业智能
▷ 归因与报表

同样，可以说每家企业都拥有上述某些效果评估技术。问题是，你现有的技术堆栈是否可以回答以下问题。

▷ 如何确定每场活动的效果
▷ 什么能帮我与销售人员分享洞察，不仅包括对销售线索的洞察，而且包括对客户的洞察
▷ 哪些信息能让目标客户产生最强烈的共鸣

虽然可以说参与 ABM 工作的每个人都需要效果评估技术所提供的洞察，但图 10-6 中的人员，尤其是图中背景为深色的人员，应该参与对效果评估技术的评估工作。

受影响的人员：

营销运营人员	销售运营人员	需求挖掘经理	销售/业务拓展代表
活动经理	区域营销人员	网站经理	内容经理
社交媒体经理	创意/设计师	企业内部的广告采购人员	销售赋能人员

图 10-6 确保上述人员参与对效果评估技术的评估工作

在进行效果衡量技术选型时应该考虑的因素如下所示。

- 该供应商的技术是否可以将现有的数据源集中在一个位置
- 该供应商的技术是否可以按客户来跟踪 B2B 指标
- 该供应商是否可以提供仪表盘来衡量 ABM 对整个销售漏斗的影响
- 该供应商的技术是否可以帮你根据企业统计资料和购买意向数据来识别新的受众群体
- 该供应商的技术是否可以针对第一次接触的匿名访客进行跟踪并提供报告
- 该供应商的技术能否让你结合第一手数据和企业统计数据来进行客户细分和编制报表
- 该供应商的技术是否包括适当的战略服务能帮助你根据战略编制 ROI 报告
- 该供应商的技术能否让你比较不同的受众或目标客户名单的效果,评估特定计划的效果,以及比较不同供应商的表现

现在的信息是海量的

一位销售代表想了解营销巨头 Merkle。在目前技术(尤其是 AI 技术)允许的情况下,他需要阅览和解读关于 Merkle 的 200 万条 Google 搜索结果,在 merkleinc.com 上阅读大约 10 万个网页,还要解读 Merkle 员工每月发布的 6.8 万页内容。接下来,这位销售代表还必须弄清楚所有这些信息与其公司和产品的关联。现在,如果将这项艰巨的任务扩大到成百上千个客户呢?这时你就可以了解到 AI 驱动的营销和销售解决方案背后的力量。

必须牢记的四个注意事项

当你评估所有这些技术时,重要的不仅是要考虑增添新技术,还有要考虑去除其他技术。对你的技术堆栈进行如此严格的评估,你也许就会发现某个解决方案在两三年前运行良好,但现在已效用不大。这可能是为更强大的解决方案腾出资金的一个机会。

在可能的情况下,尽量寻找能够满足以下多个要求的解决方案。

数据。确保其技术能够提供全面且富有洞察的数据,并且它能够与你已经拥有的其他技术相连接。你最不需要的就是另一个"数据孤岛",它会让你更难看清全局。

可扩展性。其技术能否让你只需登录到一个平台即可?这看起来可能只是几秒钟的小事,但是你正在构建一个能够支持业务增长和敏捷运行的 ABM 技术堆栈,如果可以避免的话,你不需要这些额外的"减速带"。

执行。你应该寻找那些可以帮助你在所有营销计划和渠道中传播相同消息的解决方案。

成本。虽然有时购买一个功能有限的"单点解决方案"的成本更低,但请务必考虑有效地集成和管理这些单点解决方案的开销。因此,请在总体成本的背景下评估解决方案的优缺点。

我们并不建议将上述要求作为采用或者拒绝采用某技术解决方案的绝对标准。你可能会遇到一些解决方案在某个方面表现极佳,虽然它们可能需要单独登录或有其他的要求,但也值得去尝试。你自己的判断将是最佳指南,但记住上述标准还是非常有用的。

循序渐进

你应该会认同，即使我们对6800多种营销技术进行了排序，但要将所有的技术全部考虑一遍仍然是一项艰巨的任务。

正如建议你在扩大ABM规模之前先进行试点一样，在技术提升上我们也有类似的建议：先爬，再走，然后跑。你当前的技术堆栈已经能够支持运行试点项目，并且通过试点项目你可能发现了一些痛点。那么，最好的方法就是先对打算增添到堆栈中的技术按优先级排序，然后分阶段实施。

在每个阶段，你可能会引入一些新技术。但是正如我们之前所说，你也可能会去除其他的技术并削减相关的成本。在每个阶段中，你可以确定某技术是否好用，以及它能否在你的技术堆栈中赢得一个长期的位置。此外，在每个阶段你都应该收集足够多的数据来计算新投资的技术的ROI。所有这些都将使你更容易进入下一个阶段，并最大限度地发挥它的价值。

在第4章中，当讨论如何创建目标客户名单时，我们建议你指定一个人作为该名单的负责人：不一定是级别最高的人，但一定是对这份名单相关事项最了解的人。同样地，我们建议你指定一位最了解相关技术的人作为技术堆栈负责人。

你可能会很自然地认为："这是IT部门的事情。"但最好的负责人可能不是来自IT部门的。几十年前，当计算机在企业中还是新生事物时，IT部门负责绝大部分技术堆栈可能是一个普遍现象。但是，现在情况不同了：随着技术日渐成熟，很多企业通常拥有不同技术方面的负责人。例如，可能由不同的人分别负责硬件、云计算、网络安全等。

因此，我们建议 ABM 的技术堆栈要由专人负责（甚至可能由一个小团队来共同负责）。该负责人将与营销运营部门、IT 部门、销售部门和营销部门就 ABM 相关问题展开密切合作，并将持续关注这方面的情况。

我们并不建议一定要为此招聘新员工，但在扩大规模及以后的过程中，你需要有一个承担特定 KPI 的人员或团队来负责 ABM 技术堆栈。如果是由一个团队负责，那么每个团队成员的 KPI 必须非常明确，让你不至于听到："我以为他在做这件事……没有，我以为她在做……"

~~~

你已经或者即将拥有一个强大的技术堆栈，你还需要知道哪些可以促进 ABM 的发展和繁荣的内容呢？这就是第 11 章的主题。

ACCOUNT-BASED MARKETING

第 11 章

将 ABM 做得更好

如何从 ABM 战略中获取最大价值

到这里，你或许已经取得了很大的进展：努力发起组织变革，顺利开启 ABM 试点项目并且大获成功。我们讨论了证明 ABM 的 ROI 的过程，以及如何将 ABM 扩展至其他的业务领域。

不仅如此，我们还讨论了如何评估服务于 ABM 战略的相关技术，以及在 ROI 数据的支持下，如何有条不紊地为你的技术堆栈添加新技术。

在某种意义上，你现在已经可以将 ABM 扩展到组织中的任何环节。不，一切还言之过早。你可能还欠缺那些在真实世界里摸爬滚打的实战经验。

奥托·冯·俾斯麦曾说过:"傻瓜从自己的经验中学习,而我更喜欢从别人的经验中学习。"这句话在俾斯麦所处的19世纪是有道理的,而对21世纪的我们来说,同样也有它的道理。

因此,接下来我们将介绍实施ABM时组织中可能会出现的一些实际问题。

ABM战略陷入困境的八大预警信号

如果你的ABM战略实施已经达到了一定程度,这无疑令人欣慰,毕竟有效地实施ABM战略并逐步扩展是一项不小的成就。经过了所有的艰辛,现在是不是可以放松一下了?其实这时候反而应该对你的ABM工作保持警惕。因为这涉及一个事关各个部门联动的复杂系统,任何事情都可能会出错。

预防这类情况发生的最佳方法是识别一些预警信号。越早识别出来,你就能越早评估出它们是否的确存在一些隐患。如果真的存在隐患,你也可以在早期最容易调整的时候采取必要的措施。以下是八种最常见的预警信号,以及相应的解决办法。

预警信号一:销售负责人不再参加营销人员组织的会议

鉴于公司在ABM战略上的投资,销售负责人应该优先在安排好的时间与营销人员定期交流以便评估投资效果。如果销售负责人最初参加了讨论,之后却显得不太积极,那就要画一个问号了。最好的方法当然是主动询问:是销售减少投资了吗?还是不太感兴趣了?或者是他们发现了什么尚未被解决的问题？

在向销售负责人提问时须小心，如果直接询问"您为什么不来参加会议"，你可能会得到一个对方不能参加会议的答案。但是如果换另外一种方式，比如问"我们能做些什么让您可以更多地参与讨论"，这样就可以把回答问题的思路引回到寻找解决方案上，而不是列出反对意见。

关键是如何让销售负责人再次参与会议。也许可以将会议形式改为与销售负责人的单独沟通，也许可以根据他的安排改变会议召开的时间或地点，但至关重要的是，无论这种调整多么令人疲惫不堪，你都要从根源上解决问题。人们通常会留意领导者的出现或缺席，从而判定事情的重要程度。因此务必建立沟通渠道，提供更多的成功案例和数据来证实 ABM 的价值。

预警信号二：销售人员不断地更改目标客户名单

"哦，销售们，我们爱你们，真的爱你们，但是你们不能总是更改目标客户名单，因为移动的靶子真的很难打中。请设定一个季度的目标客户名单，让我们有机会展示 ABM 的实力，不要不断地调换目标客户名单。在此过程中，也许偶尔有新增客户的需求，或者在几个销售周期之后，大家需要聚在一起重新评估所有名单，但是在某一个销售周期内，请保持我们商定的目标客户名单不变，让营销发挥它的魔力。"

预警信号三：销售人员不支持或不参与营销计划

你最近一次询问销售人员营销活动对他们的工作有没有帮助是什么时候？你有没有问过他们上个季度举办的营销活动如何命名比较好？营销人员努力围绕创新产品打造有效的产品定位，但是如果没有销售团队的支持，这些都将失去意义。在前面的关于 ABM 基本常识的讨论中，我们都已明白营销和销售团队的目标需要协同一致。因此，如果你发觉销售团队对营销计划不够支持，就该适时地与销售团队的伙伴们沟通，了解到底出了什么事，发生了什么变化，以及该怎么解决。

预警信号四：有人仍然盯着基于数量的指标

基于数量而定的评估指标几乎成了营销 DNA 的一部分。但在 ABM 领域里，它们被更有效的指标所取代。赛跑选手不会谈他们跑了多少步，他们衡量的是运动专项指标，比如时速、心率，以及是否创造了个人最好纪录或是否赢得了比赛。这些都是专注于提升能力的指标。ABM 亦是如此：它更重视质量，而非数量。这就好比是要达到跑完 10 公里的最快速度，销售和营销团队的方向要保持一致才能获得成功。把"联系人数量"和"感兴趣的人数"等指标都留在起跑线上，让我们和"销售漏斗""客户互动"和"营收"等指标一起奔跑吧。

预警信号五：访问网站的目标客户数不够理想（或没有增长）

我们都知道，客户购买过程中的一大半行为会在公司网站上进行。虽然可能网站本身很棒，但如果营销计划没有把目标客户吸引到那里，事情的发展就可能严重脱离预定轨道。检查你的宣传内容、推广情况和目标选择策略，然后进行必要的调整。利用营销渠道、客户细分和宣传内容组成的生态系统，将目标客户吸引到你的网站。

预警信号六：有较高比例的销售线索来自目标客户名单之外

跟着我们一起念（默念）："营销部的每个人都应该重视目标客户

名单。我需要盯着目标客户名单。为了做好营销工作,我要按照客户大小、联系人、所处的购买阶段以及我能想到的任何方式对目标客户名单进行细分。我要和目标客户名单合二为一。"成功实施 ABM 要求高度聚焦目标客户,了解它们并面向它们展开针对性营销。

预警信号七:来自目标客户的营收占比呈现季度性下跌

虽然可能会有一些数字上的起伏波动,但是对于大多数 B2B 公司来说,由目标客户带来的营收通常占总营收的 70%~80%。如果这个比例大幅下降,你就需要回过头来重新评估——也许是你的目标客户名单有问题,也许是销售团队不够努力。一旦出现预警信号,就该马上弄清原因。如果数据下降持续了一个季度,就需要密切关注,这是黄色警报。如果数据多个季度持续下降,那么很有可能是红色警报:必须立即采取措施!你必须主动分析并追根溯源,彻底了解发生了什么事,而第一步应当从销售部门开始,弄清楚到底问题出在哪儿。

预警信号八:无法证明 ABM 技术的 ROI

你有没有在完全实施 ABM 战略之前就购买了特定的 ABM 技术?你这样做了吗?那么现在你就会明白为什么这个举动会加大接下来的工作难度。某些 ROI 指标表现异常,是因为没有设定合适的基准线,或者没有衡量购买该技术前后的转化率变化。最糟糕的情况是,你以为购买这种技术就能实现 ABM 战略。

接下来,请务必确保在部署更多技术之前,充分完善你的 ABM 战略。然后依照之前章节所述的方法,确定合适的基准线和细分群体,这样你就能够进行横向比较。试行一两个销售周期后,再看看数据情况。到那个时候,你就可以进行我们在上一章中介绍的技术评估,看看应当去除、保留或添加什么技术。

你会注意到这些预警信号提示的问题都是可以解决的。第一步就是要了解这些预警信号,而不只是停留在书本上。在你创建的任何流程文件或季度性提醒系统中,做好记录以便定期对 ABM 项目进行健康检查。痛点在哪里?哪些方面一直进展良好,哪些方面需要重点关注?实验结果如何?哪些问题必须马上处理,哪些问题需要密切留意?你可以与 ABM 项目的核心成员一起进行上述检查。

诚然,这些内容比较琐碎,但它们能为你的 ABM 工作沿着正确方向前进保驾护航,并为你带来成功的喜悦。

两个有趣的问题

问题一:"当一家公司成功实施 ABM 战略之后会怎样,是该公司的所有部门都必然遵循 ABM 模式,还是可能会有永远的反对者?"

答案是可能存在反对者,原因如下。首先,一些 B2B 公司规模巨大,它们通过内部发展和对外并购实现扩张,很有可能某些业务部门从公司文化或者领导层意见出发来考虑,要么认为 ABM 不可行,要么根本不愿尝试。幸运的是,虽然没有任何硬性规定要求公司必须百分之百实施 ABM,但是 ABM 应用后的显著成果可以说服反对者,这样他们也许也会愿意做一些 ABM 方面的尝试。

其次,另一个导致 ABM 从一开始就不被采用的原因,是某种定价模式不太适合采用 ABM。例如,与我们合作的一家公司针对其企业级客户成功实施了 ABM,该公司同时面向小企业推出了每月几美元的

"免费增值"计划。它保留了这项计划，是因为这项计划的确为公司带来了一小部分营收，但还有一部分原因是该公司知道那些目前规模较小的客户可能有一天会发展成企业级客户。通过"免费增值"计划，这家公司成功地识别出那些有追加销售商机的目标客户，然后努力培育并慢慢把它们发展成购买正价产品和服务的客户。

问题二："Demandbase 的 ABM 实施方法与别的传授 ABM 之道的公司有何区别呢？"

我们并不垄断 ABM 的传授方式，况且，可能有一些友商在探讨如何成功实施 ABM 的方法上确实做得还不错。

我们的方法在以下方面与它们的有所区别。有一些 ABM 从业者的实施计划包含 200 个要点，这未免过于复杂。我们认为，这种详尽程度可能只适合那些 ABM 战略已实施 5 年且正在寻求一切机会将其提升至更高水平的公司。而对于那些刚刚着手实施 ABM 的公司来说，看到这么复杂的计划后，它们便很可能萌生放弃的念头。

遵循本书中的简单步骤，成功实施 ABM 指日可待。

另一种有待探究的做法是有些公司提倡在实施 ABM 的早期就采用大量技术。我们的立场是：首先确定你的战略，包括衡量指标、流程、沟通和试点范围，在证明了 ABM 的价值后再考虑技术投入。技术至上的方法顶多只能取得有限的成功，因为它并不能处理只有 ABM 才可能解决的一些根本性的组织问题。

案例：CA 公司

CA 公司是一家跨国软件巨头，年营收达数十亿美元，员工超过

11 000 人。该公司开发诸多类型的软件,这些软件被广泛应用于云端、本地主机和不计其数的设备上。

CA 公司在全球 40 多个国家设有办公室,是一家 B2B 公司。它面临的挑战之一是如何跨越许多不同渠道优化客户体验。

它的 ABM 计划始于区域营销团队的一个试点项目。CA 公司近几年销售业绩下滑,为此,区域营销团队与销售团队密切协作,着力挖掘商机来支持销售工作。它们以往的方法是通过内容整合营销和其他线索挖掘工作找到大量销售线索,但现在这种方法貌似行不通了。

首个 ABM 试点项目历时 6 个月,主要聚焦于 125 个目标客户。该试点项目提高了对这些客户及其网站访问轨迹的了解程度,再加上基本的业绩提升,足以使 ABM 在 CA 公司内部得以推广。

然后,CA 公司创建了一份对总体业务发展至关重要的企业名单,其中包括 2000 个目标客户。接着,CA 公司跨越不同业务部门为这些客户设计了有针对性的营销计划。于是,第二个集分析、个性化和智能表单于一体的应用试点,应运而生。

尽管 CA 公司拥有足够的资源,可以从一开始就将 ABM 应用于更大规模的客户群,但是为了使流程到位,并且达到成功所需的沟通和协作水平,CA 公司仍然选择了继续试点。

在对公司网站首页进行了几个月的个性化测试后,CA 公司获得了一些极具说服力的数据。与此同时,CA 公司采用了可以自动填写公司名称的表单技术,可确保数据的一致性和准确性。

网页的个性化和表单技术获得了以下成效。

▷ 平均商机金额增长了 59%

▷ 销售速度加快了 17%

- 表单完成率增加了 237%
- 赢单率提高了 21%
- 销售商机增长了 121%

CA 公司还针对 600 个目标客户开展了为期 3 个月的基于 ABM 的广告计划，成效如下所示。

- 看到广告宣传的目标客户，平均合同金额提高了 78%
- 目标客户的页面访问量增加了 56%
- 48 个全新的目标客户访问了公司网站

这项 ABM 工作还给 CA 公司带来了另外两个益处。该公司 CEO 此前曾指出要以"创造更好的客户体验"为公司的重点工作之一。通过个性化广告、多点触达和个性化网站，营销和销售部门不仅取得了上述的量化结果，还实现了与 CEO 所述方向一致的高质量收益。

CA 公司负责 ABM 的全球营销总监对第二个益处的描述如下：

"ABM 帮助我们实现了不同团队间的协作。我们拥有庞大的营销组织，但各自为政。由于要对 CA.com 网站进行个性化设置和分析，我们必须与公司营销总部密切合作。同时，我们提供了高质量的数据，并且能够针对重要客户开展个性化营销，这使得我们与销售团队能够携手合作。通过打通所有的营销渠道，我们大大改善了客户体验。"

ABM 的前景是什么

下一步最佳行动将成为现实

ABM 技术是迅速发展的强大行业的组成部分。未来几年有待充分开发的最有趣、最可能获得回报的领域之一，正与我们所说的"下一步最佳行动"（Next Best Action）有关。

比如，一个目标客户参加了你的网络研讨会。接下来应当如何跟进呢？可以发电子邮件，发送白皮书，或者请 SDR 致电目标客户。你也可以邀请该目标客户参加市场活动或观看解决方案的演示，又或者对其投放广告。那么，在所有这些有效的行动中，哪一个是最佳行动呢？

对这个问题的传统回答是，"我们通常的做法是……""我很幸运地采用……"或者"我们尝试一下……如何"。这里存在双重挑战：首先，我们依靠直觉和营销人员以往的经验来判定下一步最佳行动；其次，以这个网络研讨会为例，所有参会人员都拥有不同背景，他们来自不同的公司，并且处于不同的考虑阶段。如果对他们统一采取标准化的跟进营销，这些可变因素将被忽视。因此，多年来，借助于由可靠数据构成的系统来决定下一步最佳行动一直是营销人员的梦想。

但是，即使有了可靠的数据，决定和执行下一步最佳行动的流程仍然会被人为因素所影响，而且只要有人为干预，你就无法将这个流程规模化。或许你可以对少量目标客户（比如 100 个）执行该流程，却做不到对大量目标客户执行该流程，从而为公司业务带来重大影响。

ABM 的前景在于：由于机器学习和 AI 的进步，你将能够对下一步最佳行动实现自动化安排。AI 将会消化、分析海量的数据，从而了解你所在的公司的类型，你是什么类型的营销人员，以及你所浏览的内容类型，这些自动化判定均基于你们的网站和线下活动。

接下来，AI 将会分析目标客户曾观看过的广告、参加过的网络研讨会、收到的 SDR 跟进电话、接受过的葡萄酒赠礼和其他触达方式，以及过去这些行动的有效性。AI 是一个系统，随着时间的推移，它提供的建议会愈加智能，并且它的建议不是基于直觉的，而是基于概率和数据判定的。这将使你能更有效地推进目标客户的购买旅程，挖掘销售商机，完成交易，赢得营收。

AI 也将能够与其他系统结合完成下一步最佳行动。这甚至包括与物流公司配合，在适当的时候送出葡萄酒，附上合适的礼品卡片。这将是公司可以采取的一种暖心并且十分有效、有利的机制。

平台将会整合

目前，营销自动化系统是大多数 B2B 营销人员使用的主流平台。但事实上，这些系统只能完成 B2B 营销人员需要完成的一小部分工作。因此，营销人员也要使用 CRM 和其他系统来完成以下动作。

▷ **识别和了解**目标受众
▷ **执行和管理**所有触达点和销售漏斗的所有阶段涉及的活动
▷ **赋能**销售团队，助力他们开发更多的销售商机，完成更多的交易
▷ **衡量**一切结果

营销自动化系统的局限之一在于它们是专为个人设计的。例如，它们能够非常好地将单个联系人上传到数据库，然后向其发送电子邮件。这是一项重要的功能，但只是所需的全部功能的一小部分。

当企业采纳 ABM 之时，就会认识到不仅需要与客户中的个人互动，还要与客户整体进行互动。因此，你需要能够在个人和客户整体层面完成上述动作。目前，营销自动化系统只能完成这些动作中的一

小部分，即识别、执行和衡量，但仅仅停留在个人层面。

我们认为，未来几年将会出现功能完备的单一平台，能更有效地完成目前由多个系统才能完成的工作。该平台将会充分实现自动化，简化数十年来营销人员通过拼凑使用各种系统才能完成的工作。

或许这个单一平台将由一个供应商主导，也有可能由多个供应商来提供真正适合B2B营销的覆盖全面、功能更佳的类似平台。虽然不知道这样的平台将如何实现，但我们坚信这个趋势必然存在。Martech（营销科技）的版图目前过于混乱和零碎，而太多的公司正竭力将单点解决方案串在一起，进行数据关联，这将使目前的趋势继续发展下去。

我们相信，你已经在本书中感受到了ABM帮助B2B业务提升好几个档次的惊人潜力。采用这些新兴的技术，将是一次激动人心的旅程。

~~~

本书到此即将完结，但好消息是，ABM旅程才刚刚开始！

我们的目标是带你领略ABM这个强大战略。如果你已经和我们一起了解了所有细节，包括如何开启试点项目，随之扩大范围，并确保进展顺利，那我们十分欣慰。作为ABM从业者，从我们的角度来看，阅读完此书是一个非常好的标志，说明你已经开始认真考虑在贵公司尝试这一战略。

虽然听起来可能会令人惊讶，但作为在全球提供ABM解决方案的人员，我们认真地再次重申：实施ABM战略不需要复杂的软件。

你已掌握了专注于客户和营收的原则，销售与营销之间的协作，依靠数据和衡量指标指导后续行动，以及在本书中读到的其他基于实战经验的见解。

现在该说说本书或任何其他图书都无法提供的内容了：采取行动。庆幸的是，你不需要任何步骤上的跳跃，只需要下定决心，采取一个又一个合理的步骤将试点项目运转起来。

请记住我们在第 1 章所说的话：对你来说，现在就是实施 ABM 的最佳时机。全球许多 B2B 公司都在使用并完善 ABM 战略。迅速变化的新技术使得一些最复杂的 ABM 应用得以实现。我们希望，你能抢在竞争对手之前，实施 ABM，抓住你所关心的更多的目标客户，获得理想的回报。现在你知道该做什么了吧。

致　　谢

如果没有Demandbase曾经的和现在的员工、客户、合作伙伴、分析师，以及其他思想领袖的卓越贡献，本书是不可能完成的。我们很荣幸能与业内最优秀的人士合作，确定并撰写了本书中的战略及最佳实践部分。以下是参与ABM相关工作并对本书的撰写做出重大贡献的部分人员名单：

Phil Hollrah

Mimi Rosenheim

Lisa Ames

Nani Schaffer

John Dering

Lia Hansen

Beth Tiltges

Stephanie Thomas

Christine Farrier

Leanne Chesco

Rory Tokunaga

Matt Aaronson

Rahul Patwardhan

Adam Nichols

Luis Romero

Jonah Phillips

Erica Perng

Tenessa Lochner

Stephen Scowcroft

Jay Tuel

Don White

Gabe Rogol

Mark Yatman

Alan Fletcher

Aman Naimat

Rachel Balik

Matthew Miller

John Arnold

Chris Souza

Kathy Macchi

Rob Leavitt

Bev Burgess

Shari Johnston

Matt Heinz

参与ABM相关工作并对本书的撰写做出重大贡献的还有：来自Forrester、Gartner、TOPO和Sirius Decision的各位分析师，以及Jonathan Rozek。Jonathan Rozek在撰写、编辑和指导我们将所有的文字和思路融入这本综合指南中起到了至关重要的作用。